Lectio Divina para tiempos fuertes

ADVIENTO
y Navidad

Pablo Largo Domínguez

Lectio Divina para tiempos fuertes

ADVIENTO
y Navidad

La alegría de la espera

2024

© Publicaciones Claretianas, 2024

Juan Álvarez Mendizábal 65 dpdo. 3º.
28008 Madrid
Tlf.: 915 401 267
Fax: 915 400 066
www.publicacionesclaretianas.com
correo-e: publicaciones@publicacionesclaretianas.com
    comercial@publicacionesclaretianas.com

ISBN: 978-84-7966-803-7
Depósito Legal: M-23328-2024

Impreso en España / Printed in Spain
Imprime: Estugraf, S.L.

Introducción

Los calendarios. No faltará quien diga, siguiendo a los astrónomos, y quizá también con cierto toque neopagano, que se acerca el solsticio de invierno, y es verdad. A un cristiano le sabe a poco anunciar tal previsión; añadirá: ¡Se acerca la Navidad! Bajemos a detalles.

El solsticio de invierno nos recuerda el giro de la Tierra alrededor del Sol, que da origen a los ciclos anuales de nuestro calendario; y nos recuerda la división del año en estaciones (cuatro en la zona templada). El año 2024 este solsticio comienza el 21 de diciembre, a las 09.20.30. Quien anhele su llegada, puede celebrarlo; quien la tema, verá el modo de afrontar el invierno, que comienza ese día y hora en el hemisferio Norte.

Sobre la plantilla del calendario astronómico los cristianos superponemos nuestro calendario, con sus tiempos propios, de duración distinta, e incluso algo oscilante en el caso del Adviento y de la Navidad. Aquí no mandan la naturaleza y sus estaciones, sino la historia de las relaciones de Dios con nosotros. Pero la Navidad subsume el solsticio hiemal: la celebración romana del «Nacimiento del Sol Invicto» es transferida a la celebración litúrgica de la Natividad del «Sol que nace de lo alto» (Lc 1,78); también la Pascua de la Resurrección del Señor acoge y se acoge al calendario astronómico, esta vez atendiendo a las fases de la luna: se celebra el primer domingo que sigue a la luna llena después del equinoccio de primavera en el hemisferio Norte.

El año litúrgico, el Año Jubilar y el Adviento. Poco a poco se constituyó nuestro año litúrgico, a partir de la Pascua de Resurrección, hasta cuajar en los varios tiempos hoy en vigor. Todo él gira en torno al misterio de Cristo: el Mesías o Ungido esperado por Israel, el Dios-con-nosotros o Hijo de Dios encarnado, el Jesús Nazareno crucificado y resucitado, el Exaltado que envía el Espíritu a la Iglesia, el Señor de la historia que acompaña a su pueblo todos los días hasta el fin del mundo, el Hijo del hombre que vendrá al final de los tiempos. Siempre el mismo y único Cristo.

El año litúrgico mantiene su curso habitual. Pero la Iglesia marca algunos años con una nota propia: son los años jubilares, celebrados cada cuarto de siglo. El 24 de diciembre dará comienzo un nuevo año jubilar con la apertura de la Puerta Santa de la Basílica de San Pedro. Lleva el título de Jubileo Ordinario de la Esperanza y –dice el Papa– puede ayudar mucho a restablecer un clima esperanzado, signo de un urgente renacimiento.

El tiempo de Adviento nos mueve a activar la esperanza. Bien lo necesitamos en esta coyuntura social y eclesial. Los que vivimos en el paradigma tecnocrático y en la crisis ecológica necesitamos los mismos bienes básicos que apuntaban los profetas de la Era Axial y refiere la Bula del Jubileo: acceder a los bienes de la tierra, como el agua (Is 30,25) y los alimentos (Is 25,6); cambiar las lanzas en podaderas (Is 2,4); garantizar la seguridad ciudadana (Is 26,1), también para los exiliados y desplazados; fomentar la natalidad y el deseo de transmitir la vida (Is 66,12; cf. 37,3); saldar la «deuda ecológica» y esbozar algún anticipo de la armonía cósmica final (Is 11,6-8). A la raíz, necesitamos peregrinar hacia Dios y acoger sus palabras (Is 2,1-3), llenarnos del conocimiento del Señor (Is 11,9).

Figuras de la esperanza abiertas a las promesas divinas fueron profetas que la alentaron en tiempos críticos, mujeres estériles que darían a luz, la Virgen de la Expectación, ancianos prendidos a la vida por el único asidero de una promesa. Pero no pensemos solo en casos límite o en «casos desesperados», seamos pueblo en estado de gran expectación (Lc 3,15). Cada súplica es un acto de esperanza, y lo es cada paso en la vida diaria hacia la consecución, para todos, de bienes tan preciosos como los apuntados. Nuestro apoyo es Aquel que sujeta todos los tiempos, «el Dios de la esperanza» (Rm 15,13), y esta no defrauda (cf. Rm 5,5). La liturgia señalará las prácticas en que ejercitarla.

La liturgia de la Palabra del Adviento. La liturgia de la Palabra de los tiempos litúrgicos especiales no sigue la lectura continua del tiempo ordinario. Sobre la selección hecha para el Adviento podemos ofrecer cierto paralelo. Quienes estudian el proceso de elaboración de los evangelios suelen señalar estas etapas: primera, el anuncio de la resurrección de Jesús y la tradición oral originaria centrada en sus apariciones y en la espera de la venida del Señor; segunda, los relatos de la pasión, que muy tempranamente cobrarían una primera plasmación escrita; tercera, los posteriores documentos relativos al ministerio de Jesús; cuarta y última, los relatos de su infancia en Mateo y Lucas.

Sin forzar la comparación, podemos sugerir que *las lecturas evangélicas* del Adviento son cierto reflejo de ese proceso. El primer domingo de Adviento nos remite a la venida gloriosa del Señor, hacia la que está abierta su Iglesia en actitud expectante; los evangelios de los días posteriores presentan episodios del ministerio de Jesús, que nos revelan su verdad y manifestación histórica; las lecturas de los días finales, a partir del 17 de diciembre, se toman de los evangelios de la infancia, que nos dejan a las puertas del relato del nacimiento del Jesús.

Se coordinan con las primeras lecturas, tomadas del Primer Isaías (Is 1-39) y del Segundo Isaías (Is 40-55) hasta el 17 de diciembre; a partir de ese día se buscan correspondencias varias. Los profetas anuncian con variedad de imágenes los cumplimientos que tendrán lugar «en aquel día» y señalan al vástago de David que traerá justicia, derecho y armonía universal. La Iglesia relanza esa espera leyendo las profecías a la luz de la venida en carne del Señor y la enfoca hacia su venida gloriosa. Hay un crescendo en la intensidad de la espera. Lo expresan las antífonas de la O de las vísperas a partir del día 17.

La Navidad. En el tiempo de Navidad hacemos gozosa memoria de la presencia de Jesús entre nosotros y de su vida desde el nacimiento hasta el bautismo, no sin alguna incursión en su vida pública. Hay continuidad y novedad en cuanto a personajes que han formado parte de la constelación de Jesús antes de su nacimiento y después de este: quedan atrás los padres del Bautista; ahora, a María y a José se suman los pastores, los inocentes, Simeón, Ana, los magos. Los evangelios narran la presencia y manifestación de Jesús y su acogida y adoración por grupos y personas. Asistimos a las primeras escenas de su drama vital, con su alegría y sus sobresaltos, y más adelante nos asomamos a episodios iniciales de su ministerio tras el bautismo. El prólogo de Juan sitúa el nacimiento en un escenario y proceso más amplios de manifestación de la Palabra o Verbo personal de Dios.

El motivo de la *luz* aparece repetidas veces en los evangelios de Navidad: la gloria del Señor envolvió a los pastores con su luz (Lc 2,9) y los magos vieron la estrella del rey de los judíos (Mt 2,2.9): Jesús es la luz verdadera (Jn 1,4-5.9), luz para alumbrar a las naciones (Lc 2,32), luz grande que brilló a los que habitaban en tinieblas (Mt 4,16).

La «lectio divina»: orar con la Palabra

La *lectio divina* es un método –experimentado por la Tradición de la Iglesia– para acercarse a la Palabra de Dios y penetrar mejor en su significado. Se dice de él que es «como una escalera para subir desde la tierra hasta el cielo». Pero lo importante no es el método, sino conseguir hacer una «lectura orante» de la Palabra. Se trata de acercarte a Dios a través de su Palabra y dejar que te muestre su voluntad.

Es un método sencillo que nos propone seguir diferentes pasos. Los monjes distinguieron hasta diez diferentes, aunque hoy se han simplificado. Con todo, es necesario reservar un tiempo para su práctica. No se puede hacer en dos minutos. Con el tiempo verás que te gustará dedicarle más y más tiempo. Te proponemos que sigas estos cuatro pasos:

1. Lectura (*Lectio*)

Se trata de que leas y releas atenta y pausadamente el texto, aunque te suene familiar, tratando de comprender lo que dice. Si lo vieras necesario puedes servirte de un diccionario. Verás que, al leer la Palabra, siempre se descubren cosas nuevas, matices, subrayados o ecos diferentes. Siempre hay algo que focaliza tu atención y resuena con más fuerza.

2. Meditación (*Meditatio*)

Meditar significa reflexionar, intentar responder a la siguiente pregunta: ¿qué me dice a mí el texto? Se trata de buscar lo que te puede estar diciendo Dios en este momento de tu vida, o cómo ilumina su Palabra tus inquietudes, preguntas,... en definitiva, de intentar descubrir la voluntad de Dios.

3. Oración (*Oratio*)

Una vez intuido lo que Dios quiere de ti, puedes entrar en diálogo sincero con Aquel que te escucha, sabe lo que necesitas y deseas. Se trata de hacer oración la voluntad de Dios: dale gracias, pídele perdón o ayuda, intercede por otros... Dialoga con Él con confianza, abandonándote en sus manos y abriendo tu corazón a su presencia viva.

4. Acción (*Actio*)

Lo que has descubierto al leer, meditar y orar lo llevas a la vida. Se trata de convertir en acción aquello que antes ha sido contemplado. La relación con Dios siempre te lleva a la vida diaria. Siempre habrá algo que transformar, algo que hacer por ti o por los demás para que la voluntad del Señor y su reino se hagan más presentes en nuestro mundo. En definitiva, hacer vida su Palabra.

Domingo I

Jr 33,14-16 Llegará el día en que cumpliré las promesas.
Sal 24. A ti, Señor, levanto mi alma.
1Ts 3,12–4,2 Seguid portándoos como agrada a Dios.
Lc 21,25-28.34-36

DICIEMBRE **1**

En aquel tiempo dijo Jesús: "Habrá señales en el sol, la luna y las estrellas. En la tierra, las naciones estarán confusas y angustiadas por el ruido terrible del mar y de las olas. La gente se desmayará de espanto pensando en lo que ha de sucederle al mundo, pues hasta las fuerzas celestiales se tambalearán. Entonces verán al Hijo del hombre venir en una nube con gran poder y gloria. Cuando empiecen a suceder estas cosas, animaos y levantad la cabeza, porque muy pronto seréis liberados. Tened cuidado y no dejéis que vuestro corazón se endurezca por los vicios, las borracheras y las preocupaciones de esta vida, para que aquel día no caiga de pronto sobre vosotros como una trampa; porque así vendrá sobre todos los habitantes de la tierra. Permaneced vigilantes, orando en todo tiempo para que podáis escapar de todas esas cosas que van a suceder, y para que podáis presentaros delante del Hijo del hombre."

Lectura: En este primer domingo de Adviento nos llegan tres anuncios de esperanza: el profético de Jeremías, que otea el brote de un salvador, vástago legítimo de David; el escatológico de Jesús, que predice la venida gloriosa del Hijo del hombre, preludiada por un sobrecogedor escenario cósmico y humano de crisis; el orante de Pablo, que aguarda al Señor acompañado de sus santos.

Meditación: Toda situación está bajo el señorío de Dios. Una situación crítica puede ser el fin de un mundo, pero no debe ser el naufragio de la esperanza; ni la desesperación ni el aturdimiento son conductas sensatas en un creyente. ¿En qué podemos fundar nuestra esperanza? La liberación y la vida no procederán de fuerzas anónimas, no de los astros, no de energías cósmicas impersonales; nuestra esperanza se cifra en un ser personal, prometido por Dios, esperado por Israel, concebido en el seno de María virgen, heraldo de la llegada del señorío de Dios, signo de contradicción en su pueblo, crucificado bajo el poder de Pilato, llevado por Dios a la gloria y primicias del mundo definitivo: Jesús, el Señor. Su exhortación de hoy combina dos llamadas, que detallan las conductas propias de la esperanza: levantar la cabeza (no arriar la esperanza) y cuidar el corazón (con el dominio de sí, la vigilancia y la oración). Jesús, con lenguaje apocalíptico, anuncia el carácter transitorio de este mundo y el destino eterno de cada ser personal. Este anuncio le resultaría paradójico a la antigüedad pagana: creían en la eternidad del mundo y en la condición pasajera e irredimible de la vida humana; lo ilustra una expresiva inscripción sepulcral: «No existí, existí, no existo, no me importa». Nuestras sociedades padecen una pérdida del sentido escatológico de la existencia, y este grave déficit repercute en las esperanzas para la vida presente. El Adviento nos lleva a reavivar la adhesión al que ha de venir y a depositar en él la esperanza para este tiempo y para la eternidad. «¡Ven, Señor Jesús!», suplica la Iglesia en vela.

Oración: Señor, comenzamos animosos este nuevo Adviento acogiendo tu anuncio y tus llamadas. Haz que en la oración y en la acción seamos figuras de la espera y que nuestra esperanza, en cualesquiera pruebas, no ceda al desaliento, sea firme y descanse en ti y en tus promesas; haz que la gente vea en nosotros testigos creíbles de esperanza.

Acción: Examina el estado de tu esperanza. ¿Eres animoso, tenaz? ¿Cedes fácilmente al abatimiento? ¿Te abres al Dios de la esperanza y a sus promesas?

Lunes I

Is 2,1-5 Caminemos a la luz del Señor.
Sal 121. Vamos alegres a la casa del Señor.
Mt 8,5-11

*A*l entrar en Cafarnaún, un centurión romano se le acercó para hacerle un ruego. Le dijo: "Señor, mi asistente está en casa enfermo, paralítico, sufriendo terribles dolores". Jesús le respondió: "Iré a sanarlo". "Señor -le contestó el centurión-, yo no merezco que entres en mi casa. Basta que des la orden y mi asistente quedará sanado. Porque yo mismo estoy bajo órdenes superiores, y a la vez tengo soldados bajo mi mando. Cuando a uno de ellos le digo que vaya, va; cuando a otro le digo que venga, viene; y cuando ordeno a mi criado que haga algo, lo hace". Al oír esto, Jesús se quedó admirado y dijo a los que le seguían: "Os aseguro que no he encontrado a nadie en Israel con tanta fe como este hombre. Y os digo que muchos vendrán de oriente y de occidente, y se sentarán a la mesa con Abraham, Isaac y Jacob en el reino de los cielos".

Lectura: Esta semana nos llegan visiones y oráculos del Primer Isaías. Hoy dilata su mirada hacia el porvenir: columbra la peregrinación de numerosos pueblos hacia la casa del Dios de Jacob. Los mueve un anhelo de luz que guíe sus pasos y traiga como fruto una concordia universal. Bajo esa luz, que un centurión pagano peregrine hacia Jesús no es una rareza, sino una primicia.

Meditación: Según cuentan, Newton vio caer una manzana y descubrió la ley de la gravitación universal: sabía leer la naturaleza. Jesús escuchó la confesión de un pagano y avistó la peregrinación de los pueblos hacia el Dios verdadero: sabía leer la historia. No la mira con la lente del historiador, que acumula y organiza datos del pasado para percibir la relación entre factores y efectos, entre polvos y lodos; la lee con la mirada del profeta, del «hombre de ojos perfectos» (cf. Nm 24,1-4): en un hecho puntual y atípico divisa la plenitud salvífica futura de multitudes procedentes de los extremos del mundo. El centurión pide sin pedir; da a su deseo la forma de un parte escueto sobre el estado de su asistente. Es un modo de orar sobrio en palabras, a diferencia del estilo pagano de fatigar a los dioses; un modo de orar tan confiado como discreto, que deja a los pies de Jesús su informe; un modo de orar con el lenguaje propio del mundo castrense: ve a Jesús como hombre con mando en plaza, investido de poder para dar órdenes a las enfermedades, y no duda de que estas las acatarán disciplinadamente. Ese hombre sabía orar.

Oración: Jesús, Esperado de las naciones, a cuyo corazón llegan incontables súplicas, tú has hecho de nosotros un pueblo orante y profético. Danos un corazón que interceda confiadamente por otros y enséñanos a leer, en sucesos puntuales y humildes del presente, primicias de una venturosa sazón.

Acción: Presta hoy atención y trata de acoger las llamadas que, con voz queda o clamorosa, te llegan de la realidad que tienes en torno (gentes, quizá extrañas, ambiente natural, cosas o asuntos confiados a tu responsabilidad y cuidado).

Martes I

Is 11,1-10 El Espíritu del Señor estará sobre él.
Sal 71. Que en sus días florezca la justicia,
y la paz abunde eternamente.
Lc 10,21-24

DICIEMBRE **3**

En aquel tiempo, Jesús, lleno de alegría por el Espíritu Santo, dijo: "Te alabo, Padre, Señor del cielo y de la tierra, porque has mostrado a los sencillos las cosas que ocultaste a los sabios y entendidos. Sí, Padre, porque así lo has querido. Mi Padre me ha entregado todas las cosas. Nadie sabe quién es el Hijo, sino el Padre; y nadie sabe quién es el Padre, sino el Hijo y aquellos a quienes el Hijo quiera darlo a conocer". Volviéndose a los discípulos les dijo aparte: "Dichosos quienes vean lo que estáis viendo vosotros, porque os digo que muchos profetas y reyes desearon ver lo que vosotros veis, y no lo vieron; desearon oír lo que vosotros oís, y no lo oyeron".

Lectura: Nos representamos la sucesión de generaciones como un árbol: el árbol genealógico. Isaías vislumbra que el antepasado Jesé, padre de David, es el tronco del que brotará un renuevo singular; este, investido por el espíritu del Señor, actuará con justicia y traerá la paz, obra de la justicia. El árbol genealógico de Mateo y Lucas sitúa a Jesús en el linaje de Jesé. Ungido por el Espíritu Santo, este brote actúa con energía y suavidad; los que lo acogen son hijos de la paz.

Meditación: Personas y grupos humanos se muestran refractarios a la presencia y mensaje de Jesús. Distintas barreras dificultan la acogida de la Buena Noticia: la suspicacia frente a un carismático ajeno a los círculos oficiales, la autosuficiencia del grupo asentado en sus convicciones e intereses corporativos, el apego al propio mundo de seguridades, el miedo a lo nuevo que puede generar crisis, la resistencia a la conversión, las descalificaciones que se hacen circular sobre el mensajero. Pero la gente sencilla es testigo del arraigo de Jesús en la tradición profética, de la novedad con que habla de Dios y su reino, de su singular autoridad, de su sencillez y llaneza, de su empatía y profunda compasión, de su soberana libertad, de las poderosas obras que realiza; y esta gente se abre a su mensaje, se acerca a él con ingenua confianza y lo suplica desde su necesidad y dolor. Es el Espíritu Santo, el Espíritu de la verdad, quien ha ungido a Jesús, quien lo impulsa, quien lo llena de alegría; y es el Espíritu quien modela la sensibilidad de las personas y las pone en sintonía con el evangelio de Jesús.

Oración: Señor, revélanos al Padre, para que no nos sintamos huérfanos; revela tu Padre al mundo, para que no diga: «estamos sin noticias, sin noticias de esperanza; estamos sin noticias, sin noticias de amor; estamos sin noticias, sin noticias de Dios». Revélanos a todos al Dios verdadero, para que no desfiguremos su verdad a nuestro gusto y arbitrio, respetemos su infinita santidad y adoremos su inefable misterio.

Acción: Examina cuáles son algunas de las fuentes de tu alegría. Da gracias de corazón por cada una y pregúntate cómo evitar que se sequen.

Miércoles I

Is 25,6-10a Este es nuestro Dios.
Sal 22. Habitaré en la casa del Señor por años sin término.
Mt 15,29-37   DICIEMBRE **4**

Jesús, saliendo de allí, se fue a la orilla del lago de Galilea; luego subió al monte y se sentó. Mucha gente se reunió donde él estaba. Llevaban cojos, ciegos, mancos, mudos y otros muchos enfermos; los ponían a los pies de Jesús y él los sanaba. De modo que la gente estaba asombrada al ver que los mudos hablaban, los mancos quedaban sanos, los cojos andaban y los ciegos veían. Y todos alababan al Dios de Israel. Jesús llamó a sus discípulos y les dijo: "Siento compasión de esta gente, porque ya hace tres días que están aquí conmigo y no tienen nada que comer. No quiero enviarlos en ayunas a sus casas, no sea que desfallezcan por el camino". Sus discípulos le dijeron: "Pero ¿cómo encontrar comida para tanta gente en un lugar como este, donde no vive nadie?". Jesús les preguntó: "¿Cuántos panes tenéis?". "Siete y unos pocos peces" -le contestaron. Mandó que la gente se sentara en el suelo, tomó en sus manos los siete panes y los peces y, habiendo dado gracias a Dios, los partió, se los dio a sus discípulos y ellos los repartieron entre la gente. Todos comieron hasta quedar satisfechos, y todavía llenaron siete canastas con los trozos sobrantes.

Lectura: Si leemos el relato evangélico suelto, nos queda un hecho maravilloso; si lo leemos conservando aún el eco cálido y esperanzador de la profecía de Isaías, nos sabe a cumplimiento de promesas, a realidad mesiánica ya presente y espléndidamente activa; y si lo leemos como anticipación de la salud y el banquete definitivos en el reino de Dios consumado, reavivará nuestra esperanza. Un dato permite establecer la conexión: Dice Mateo que Jesús subió al monte, y allí es donde alimentó a la multitud; el profeta Isaías había escrito: «Aquel día el Señor preparará para todos los pueblos, en este monte, un festín de manjares suculentos» (Is 25,6).

Meditación: Esta multiplicación de los panes se narra después del milagro a favor de la mujer cananea y tiene lugar en territorio pagano: en los tiempos nuevos no hay griego y judío, circunciso e incircunciso, bárbaro, escita, esclavo y libre, sino Cristo, que lo es todo, y en todos (Col 3,11); no hay países condenados a las tinieblas exteriores; ninguna región de nuestra geografía es extraterritorial para Dios. La versión litúrgica ha omitido el final del relato: «Los que comieron eran cuatro mil hombres, sin contar mujeres y niños» (Mt 15,38). Importa rescatar ese final, porque es un nuevo elemento que completa los otros datos numéricos que registra el evangelista, todos ellos simbólicos: los tres días que lleva la gente con Jesús, los siete panes y los pocos pececillos, las siete canastas llenas de trozos sobrantes, después de que la gente se hubiera saciado. Todo ello ilustra una de las leyes del reino de Dios que se hace presente con Jesús: la ley de la abundancia. Dios es manirroto y no escatima sus dones allí donde se le deja reinar. ¡Como que se da a sí mismo!

Oración: Padre, has inscrito en nosotros un hambre que ningún bien de este mundo puede calmar ni colmar, aunque todos pueden hacer que la evoquemos. También ellos son dádiva tuya y cierta prenda del bien infinito que eres tú. Que sepamos recibirlos con gratitud, disfrutarlos con sencillez y compartirlos con generosidad; y también decirles con franqueza: «Vosotros no sois mi Dios», «vosotros no sois mi paraíso».

Acción: Haz un donativo que exprese desprendimiento y deseo de compartir tus bienes.

Jueves I

Is 26,1-6 Confiad siempre en el Señor.
Sal 117. Bendito el que viene en nombre del Señor.
Mt 7,21.24-27

DICIEMBRE **5**

*E*n aquel tiempo dijo Jesús: "No todos los que me dicen 'Señor, Señor' entrarán en el reino de los cielos, sino sólo los que hacen la voluntad de mi Padre celestial. Todo el que oye mis palabras y hace caso a lo que digo es como un hombre prudente que construyó su casa sobre la roca. Vino la lluvia, crecieron los ríos y soplaron los vientos contra la casa; pero no cayó, porque tenía sus cimientos sobre la roca. Pero todo el que oye mis palabras y no hace caso a lo que digo, es como un tonto que construyó su casa sobre la arena. Vino la lluvia, crecieron los ríos y soplaron los vientos, y la casa se derrumbó. ¡Fue un completo desastre!".

Lectura: Isaías canta la ciudad fuerte y amurallada. Jesús cierra el discurso del monte comparando el opuesto destino de dos casas por el distinto fundamento sobre el que se construyen. Todo se ventila en la escucha obediente de un pueblo justo que observa la lealtad y no tiene una confianza vana, todo se decide en la escucha obediente de la comunidad de discípulos que buscan agradar a su Padre en todo.

Meditación: Escuchar es colocarse en estado de adviento. Al practicar la escucha nos ponemos en camino hacia la palabra que otro nos dirige: la atención es justamente un tender y movernos hacia esa palabra como quien sale a su encuentro y le da la bienvenida; la escucha no puede ser desganada; su gesto no es el bostezo, sino estirar el cuello hacia quien nos habla (o la actitud recogida y receptiva). Escuchar es también hospedar esa palabra y atesorar el don que lleva consigo. Cuando la palabra es la Palabra del Señor que nos indica la forma de vivir como hijos de Dios y como creyentes y hermanos, escuchar es peregrinar hacia esa verdad, como primer paso de un camino de obediencia: por el oír (*audire*) vamos al obedecer (*oboedire*); la obediencia es el homenaje que la buena escucha tributa a la Palabra de Dios. Escuchar es un ejercicio de esperanza: quien no espera nada de la palabra de otro, la deja sonar como quien oye llover; esa palabra lo resbala, como agua que se desliza sobre un suelo duro e impermeable.

Oración: Jesús, nos habita un doble sentimiento. Sentimos la verdad y belleza de todas las palabras que pronuncias en tu discurso del monte; en ellas expresas tu sueño sobre el Israel definitivo y nuevo, pues no te conformas con una colección de mediocres expertos en rebajas y saldos; a la vez, sentimos nuestra debilidad e impotencia, nuestra resistencia interior, la distancia entre tu propuesta y nuestra vida. Nos acogemos a tu inmensa misericordia, que nos perdona a la vez que nos alienta. Danos lo que nos mandas, manda lo que quieres.

Acción: Cuando hoy se proclame la Palabra de Dios en la misa, activa en ti toda tu capacidad de escucha.

Viernes I

Is 29,17-24 Aquel día... los ciegos podrán ver.
Sal 26. El Señor es mi luz y mi salvación.
Mt 9,27-31

*A*l salir Jesús de allí, dos ciegos le siguieron, gritando: "¡Ten compasión de nosotros, Hijo de David!". Cuando entró en la casa, los ciegos se le acercaron. Él les preguntó: "¿Creéis que puedo hacer esto?". "Sí, Señor" -le contestaron. Entonces Jesús les tocó los ojos y les dijo: "Hágase conforme a la fe que tenéis". Y recobraron la vista. Jesús les advirtió severamente: "Procurad que nadie lo sepa". Pero en cuanto salieron, contaron por toda aquella región lo que Jesús había hecho.

Lectura: Sordos, ciegos, oprimidos y pobres serán beneficiarios de los dones de Dios cuando llegue el día de la salvación. Los dos ciegos de la narración evangélica experimentan cumplida en ellos la promesa de la que Isaías es portavoz.

Meditación: La oración es una de las prácticas a que nos convoca la Iglesia en el tiempo de Adviento. Como expresión de la esperanza, cobra la forma de oración de petición. (En Navidad recuperamos la de alabanza entonando el Gloria y damos más relieve a la adoración). Somos menesterosos, lo reconozcamos o no, y hacemos bien en convertirnos en «pordioseros». El papa Francisco, que califica de noble esta forma de orar, ha escrito: «Negar que la oración de petición sea superior a las otras oraciones es la soberbia más refinada, pues solo cuando somos pedigüeños nos reconocemos criaturas». Reconociendo esta condición, nos preparamos para recibir lo que Dios espontáneamente nos quiere dar. Al orar ejercitamos la fe en él, en su amor, en su cuidado y providencia. Los dos ciegos conocen su privación, los dos la reconocen, los dos creen, los dos se ponen de acuerdo para pedir (cf. Mt 18,19a), los dos piden al unísono, los dos reciben conforme a su fe (cf. Mt 18,19b). Compartimos necesidades y deseos; compartamos súplicas. El centurión había practicado una oración de intercesión a favor de su criado; los ciegos oran por ellos mismos. Ambas formas son válidas y este tiempo es propicio para esperar y orar a favor de otras personas, comunidades y grupos humanos y también para nuestro propio bien; lo uno redunda en lo otro, son vasos comunicantes. La fe no deja inactivas las manos de Jesús.

Oración: Padre, danos un corazón sencillo para reconocer nuestra verdad de criaturas que se saben necesitadas; danos un corazón maravillado para reconocer nuestra dignidad de hijos tuyos. Que el Espíritu Santo, luz de los corazones, nos haga ver la Luz gozosa, Cristo, para que no caminemos en tinieblas, sino que tengamos la luz de la vida, y contemplemos al Cordero como la Lámpara de la ciudad celeste. ¡Venga tu reino, hágase su voluntad!

Acción: Dedica unos minutos a orar por personas que buscan luz para sus pasos y desean conocer a Cristo.

Sábado I

Is 30,19-21.23-26 Ya no llorarás más.
Sal 146. Dichosos los que esperan en el Señor.
Mt 9,35–10,1.6-8

DICIEMBRE **7**

Jesús recorría todos los pueblos y aldeas enseñando en las sinagogas de cada lugar. Anunciaba la buena noticia del reino y curaba toda clase de enfermedades y dolencias. Viendo a la gente, sentía compasión, porque estaban angustiados y desvalidos como ovejas que no tienen pastor. Dijo entonces a sus discípulos: "Ciertamente la mies es mucha, pero los obreros son pocos. Por eso, pedid al Dueño de la mies que mande obreros a recogerla". Jesús llamó a sus doce discípulos y les dio autoridad para expulsar a los espíritus impuros y para curar toda clase de enfermedades y dolencias. Les dijo: "Id más bien a las ovejas perdidas del pueblo de Israel. Id y anunciad que el reino de los cielos está cerca. Sanad a los enfermos, resucitad a los muertos, limpiad de su enfermedad a los leprosos y expulsad a los demonios. Gratis habéis recibido este poder; dadlo gratis".

Lectura: Es verdad que, en otros pasajes (no en los que hoy propone la liturgia), la Escritura habla con cierta frecuencia de la ira divina; pero esta no tiene los rasgos del odio y envidia propios de los implacables dioses griegos y babilonios. Al Dios de Israel se le conmueven las entrañas ante la desgracia de su pueblo y se apiada al oír el gemido del pobre; y Jesús se estremece de compasión al ver el estado de extenuación y abandono de las gentes.

Meditación: Recordamos la «aterradora parábola» de José Saramago titulada *Ensayo sobre la ceguera*. Hacia el final del relato, la protagonista entra con su marido en una iglesia

y ve un hombre clavado en una cruz con una venda blanca
cubriéndole los ojos, y, al lado, una mujer con el corazón
traspasado por siete espadas y los ojos también tapados por
una venda blanca; las demás imágenes tenían los ojos venda-
dos. Parece que el autor pretende infligir a Dios la condición
de total ceguera. Nosotros contamos con otros relatos: el del
Dios que vio todo lo que había hecho, y era muy bueno; el
del Dios que vio la aflicción de su pueblo y oyó su gemido.
«El que formó el ojo, ¿no va a ver?» (Sal 94,9). Y Jesús tiene
los ojos bien abiertos a la situación de la gente (es el Cordero
de siete ojos) y se deja tocar en lo más íntimo; tiene ojos que
ven y corazón que siente, como si tuviera por lema «ver o perecer», «sentir o perecer», y luego «actuar o perecer», «enviar
o perecer». Por la desproporción entre los obreros y la tarea,
insta a orar al Padre, que lo envió a Él y está en el origen de
todo envío; y luego confía a los Doce la misión que el Padre les tiene reservada. Habla de mies granada y también de
ovejas perdidas. Tiene que haber señales de que el señorío de
Dios ha entrado en acción.

Oración: Señor, en la civilización del bienestar tenemos
sobreabundancia de pan, una casi ilimitada variedad de alimentos y bienes de todo orden; pero hay gente que muere
de solo pan, que no tiene o ha perdido razones para esperar y
que acusa en sí –aunque lo diga con otras palabras– tu eclip-
se y ocultamiento. Vuelve sobre nosotros tu mirada compa-
siva. No te escondas, Maestro, manifiéstate como el Bien
soberano que eres, suscita nuevas búsquedas de tu Reino y
su justicia. Vuélvenos activa y entrañablemente solidarios de
los que sufren, haznos testigos de tu verdad.

Acción: Realiza un gesto de gratuidad, que siempre lleva
un sello divino. Te ayudará hacer memoria de experiencias
recientes en que han realizado contigo ese gesto.

Inmaculada Concepción Domingo II

Bar 5,1-9 Levántate, mira hacia el Oriente.
Sal 125. El Señor ha estado grande con nosotros y estamos alegres.
Ef 1,3-6.11-12 Nos ha elegido en Cristo.
Lc 1,26-38   DICIEMBRE **8**

En aquel tiempo envió Dios al ángel Gabriel a un pueblo de Galilea llamado Nazaret, a visitar a una joven virgen llamada María que estaba comprometida para casarse con un hombre llamado José, descendiente del rey David. El ángel entró donde ella estaba, y le dijo: "¡Te saludo, favorecida de Dios! El Señor está contigo". Cuando vio al ángel, se sorprendió de sus palabras, y se preguntaba qué significaría aquel saludo. El ángel le dijo: "María, no tengas miedo, pues tú gozas del favor de Dios. Ahora vas a quedar encinta: tendrás un hijo y le pondrás por nombre Jesús. Será un gran hombre, al que llamarán Hijo del Dios altísimo: y Dios el Señor lo hará rey, como a su antepasado David, y reinará por siempre en la nación de Israel. Su reinado no tendrá fin". María preguntó al ángel: "¿Cómo podrá suceder esto, si no vivo con ningún hombre?". El ángel le contestó: "El Espíritu Santo se posará sobre ti y el poder del Dios altísimo se posará sobre ti como una nube. Por eso, el niño que va a nacer será llamado Santo e Hijo de Dios. (...) Para Dios no hay nada imposible". Entonces María dijo: "Soy la esclava del Señor. ¡Que Dios haga conmigo como me has dicho!". Con esto, el ángel se fue.

Lectura: El himno de Efesios y la lectura breve (Rm 8,29.30) de las primeras vísperas de esta solemnidad sitúan la Inmaculada Concepción de María en el marco de la común vocación a reproducir la imagen del Primogénito y a ser santos e irreprochables ante Dios por el amor.

Meditación: El feliz intercambio de lo divino y lo humano que cantaremos en Navidad tiene una realización única en la relación de María con Jesús. De la madre ha recibido Él la vida humana, de Él ha recibido ella la vida teologal; así se la ha podido llamar «hija de tu Hijo». María es la llena de gracia y la redimida de modo eminente. Hoy celebramos con alegría un doble y único comienzo: el de la vida humana de María en las entrañas de su madre y el de su vida teologal de hija de Dios. Por decirlo de algún modo, aunque torpe, en aquella humanidad menuda no hubo un estado de privación de la vida teologal y de dolorido «adviento», de espera de la venida del amor redentor de Dios que la agraciara y revistiera de luminosidad y belleza. El amor creador y el amor redentor operaban en ella a la vez, y no de modo casual; la sincronía estaba deliberadamente decidida y el acorde de ambos amores era pleno, no podía haber un compás de espera entre uno y otro. Vida humana y vida teologal estaban abrochadas en un perfecto ajuste. Llamamos a la Virgen María «La Purísima», «La Inmaculada», «La Toda Santa», «La Toda hermosa». Al cantarla, celebramos la obra de Dios en ella. Dios no padece ceguera; al mirar a su humilde esclava, la embelleció: «Cuando tú me mirabas / su gracia en mí tus ojos imprimían…»; y ahora la mirada de «todo un Dios se recrea en tan graciosa belleza».

Oración: Te bendecimos, Padre, porque hiciste obras grandes en María, tu humilde esclava. Su Concepción Inmaculada es obra primorosa de esa mirada de amor con que imprimías tu gracia en ella. Mira a tu Iglesia, míranos a cada uno, con esos ojos que nos hacen criaturas nuevas, para que nuestra vida sea alabanza de tu gloria.

Acción: Contempla un cuadro de la Inmaculada o un icono de la Madre de Dios y considera la belleza que ha intentado reflejar el artista.

Lunes II

Is 35,1-10 *Aquí está vuestro Dios para salvaros.*
Sal 84. *Nuestro Dios viene y nos salvará.*
Lc 5,17-26

DICIEMBRE **9**

*U*n día estaba Jesús enseñando, y se habían sentado por allí algunos fariseos y maestros de la ley venidos de todas las aldeas de Galilea, y de Judea y Jerusalén. El poder de Dios se manifestaba en Jesús cuando curaba a los enfermos. En esto llegaron unos hombres que llevaban en una camilla a un paralítico. Querían meterlo en la casa y ponerlo delante de Jesús, pero no encontraban por dónde entrar porque había mucha gente; así que subieron al techo, y haciendo un hueco entre las tejas bajaron al enfermo en la camilla, allí en medio de todos, delante de Jesús. Cuando Jesús vio la fe que tenían, le dijo al enfermo: "Amigo, tus pecados quedan perdonados". Entonces los maestros de la ley y los fariseos comenzaron a pensar: "¿Quién es éste, que se atreve a decir palabras ofensivas contra Dios? Tan sólo Dios puede perdonar pecados". Pero Jesús, dándose cuenta de lo que estaban pensando, les preguntó: "¿Por qué pensáis así? ¿Qué es más fácil, decir: 'Tus pecados quedan perdonados' o decir: 'Levántate y anda'? Pues voy a demostraros que el Hijo del hombre tiene poder en la tierra para perdonar pecados". Entonces dijo al paralítico: "A ti te digo: levántate, toma tu camilla y vete a tu casa". Al momento, el paralítico se levantó delante de todos, tomó la camilla en que estaba acostado y se fue a su casa alabando a Dios. Todos se quedaron asombrados y alabaron a Dios, y llenos de miedo dijeron: "Hoy hemos visto cosas maravillosas".

Lectura: Hoy concluyen las lecturas tomadas del Primer Isaías; esta última conecta con el Segundo Isaías. La alegría es el armónico de una esperanza fundada en las promesas divinas; y el júbilo será esa alegría que no puede contenerse y se desata en danzas. No se aviene con la parálisis.

Meditación: Volvemos sobre la fe como la disposición básica y esencial para acercarse a Jesús. Los camilleros no se retiran contrariados al topar con el obstáculo que les frustra poner al enfermo en presencia de Jesús. No piden con palabras, pero la nueva diligencia que emprenden es una forma de orar tan clamorosa como los gritos de los ciegos: es fe y súplica en acción. La fe destecha y abre una oquedad vertical que mira a lo alto y al hondón. Podemos padecer afonía; esta no impide que el corazón ore con gestos y acciones. La palabra inicial de Jesús al enfermo suena inesperada: le otorga el don por antonomasia, el perdón, por el que el reino de Dios se hace presente en lo más íntimo de la persona, y le purifica y ensancha el corazón. Después de liberarlo del peso interior, y para acreditar la verdad del don, una nueva palabra libera al hombre de la atadura que inmoviliza su cuerpo. Ahora el don se traduce en una dichosa orden jalonada en tres momentos: levantarse de la postración física, cargar con la camilla, echar a andar. La historia tiene sabor a resurrección, a vida nueva por dentro y por fuera, y el enfermo puede cumplir la promesa del salmista: «Correré por el camino de tus mandatos cuando me ensanches el corazón» (Sal 119,32). Su adviento y aguardo personal ha recibido la dichosa visitación de dos «presentes»: dos palabras eficaces en imperativo presente.

Oración: Ensánchanos, Señor, el corazón. Que no se quede enviscado en ese gris pragmatismo en el que todo parece fluir con normalidad, mientras la fe se va desgastando, la esperanza está medio apagada y nos invade una tristeza dulzona que es el más preciado elixir del demonio.

Acción: Proponte y realiza un gesto penitencial en este Adviento.

Martes II

Is 40,1-11 Como un pastor que cuida su rebaño.
Sal 95. Nuestro Dios llega con poder.
Mt 18,12-14

DICIEMBRE **10**

*E*n aquel tiempo dijo Jesús: "¿Qué os parece? Si un hombre tiene cien ovejas y se le extravía una de ellas, ¿no dejará las otras noventa y nueve en el monte e irá a buscar la extraviada? Y si logra encontrarla, os aseguro que se alegrará más por esa oveja que por las noventa y nueve que no se extraviaron. Del mismo modo, vuestro Padre que está en el cielo no quiere que se pierda ninguno de estos pequeños".

Lectura: De hoy, martes, al viernes nos acompaña el libro del Segundo Isaías. El profeta avista el final de la cautividad en Babilonia. Tiene por misión anunciar a las ciudades de Judá que el Señor se va a hacer presente como Pastor de su pueblo, un Pastor lleno de delicadeza y ternura con los corderos y sus madres. Jesús se sirve también de la imagen del pastor para significar el cuidado del Padre por los pequeños.

Meditación: «Uno y ninguno, todo es uno». Este dicho puede tener validez en el mundo del derecho, que declara apodícticamente: «un testigo, ningún testigo», y está bien que sea así. Pero no debe ni puede tener vigencia en el orden del amor y del cuidado: no se ama a la gente «en confuso», como un pelotón borroso e indistinto. Cada cual es único y, cuando se trata de un pequeño, el amor y el cuidado se esmeran más aún y es mayor la solicitud de los desvelos. Dios no nos siembra a voleo, sino de grano en grano, de unidad en unidad; para Él la clase lógica de los sobrantes está vacía y nadie es una cantidad despreciable. ¡Como que incluso a cada estrella, no ya a las galaxias (gigantescos pelotones de sistemas de estrellas y planetas), la llama Dios por su nombre! Él te ha tejido en el seno materno, te sondea y conoce, guarda en su odre tus lágrimas y las de cada fiel. Y quiere que nos parezcamos a Él en el trato con cada pequeño.

Oración: Padre, eres el todopoderoso: en ti está el poder y la fuerza, todo está bajo tu dominio; y también eres el que cuida de todo: haces crecer el majestuoso ciprés y vistes la débil brizna de hierba. No se cae un pelo de la cabeza sin tu permiso. Te damos gracias por tu cuidado y a este cuidado confiamos las vidas más débiles. Tú, que eres el Dios del consuelo en medio de las luchas, concédenos acoger tu invitación apremiante a consolar a tu pueblo, a consolar a tus pequeños. No permitas que nos volvamos indiferentes hacia ellos.

Acción: Trata hoy con especial delicadeza a los pequeños con que te encuentres, a las personas que acusan alguna fragilidad especial.

Miércoles II

Is 40,25-31 ¿Con quién me vais a comparar?
Sal 102. Bendice, alma mía, al Señor.
Mt 11,28-30

En aquel tiempo dijo Jesús: "Venid a mí todos los que estáis cansados y agobiados, y yo os haré descansar. Aceptad el yugo que os impongo, y aprended de mí, que soy paciente y de corazón humilde; así encontraréis descanso. Porque el yugo y la carga que yo os impongo son ligeros".

Lectura: Dios desplegó su poder infinito en la obra creadora y lo despliega en la creación continua, es la fuente última de todas las energías cósmicas y humanas. Quien, en medio de la fatiga del vivir, espera en su amor podrá recobrarse de su cansancio y desaliento. Jesús encarna ese poder divino que hace llevaderas las cargas de la vida.

Meditación: En la conciencia del Israel deportado pudo surgir la turbadora sospecha de que el poder del Señor había sido derrotado por el poder superior de los dioses babilonios. Pero Dios no es ni un ídolo impotente ni uno más de los dioses ociosos, realidades supremas confortablemente instaladas en su mundo y del todo ajenas a nuestra vida y destino; el hombre no se les entrega en fe, no pone su esperanza en esos dioses ni los suplica en plegaria; en cambio, el Señor, Creador del universo, fortalece a quien espera y confía en Él. Es de importancia vital no olvidar esta diferencia decisiva. La fatiga es lote propio de la condición humana. Son distintos los tipos de cansancio y varían sus causas. Pero hay cierto cansancio vital que estriba justamente en arrastrar una vida… cansina, en la que uno rehúye las cargas y molestias, no tanto por sentirse incompetente, sino por faltar una motivación, una razón de vivir, un para qué, un para quién. Ahí no hay Adviento, ahí nada vale la pena, y quizá, como mecanismo de defensa, alegamos el dicho del filósofo: «Todo esfuerzo inútil produce melancolía». Jesús da una razón de vivir; mejor: es aquel para quien estamos llamados a vivir (cf. Rm 14,8), aquel por quien se desgasta y desvive el seguidor (cf. Mc 8,35). Y a Él nos podemos acoger en nuestros cansancios. Es llano, accesible, hospitalario. Nos recuerda nuestro verdadero estatuto de hijos, y nos mueve a vivir, en medio de los trabajos y sobresaltos, sin la pesadumbre del esclavo, y sí con la libertad y la alegría de los hijos de Dios. Quiere que nuestra alma ande en amor, no en esa triste apatía que cansa y se cansa. Si algo nos agobia, hoy nos invita a descargarlo en Él.

Oración: Gracias, Jesús, por tu humildad de corazón, por tu cercanía, por tu presencia llena de bondad, por el impulso nuevo que nos das para reanudar el camino, por librarnos de fardos inútiles, por el don de la libertad. En ti podemos descargar nuestro agobio. Tú aliviarás nuestro último cansancio.

Acción: Repasa aquello que te produce agobio en tus tareas de cada día, en la convivencia, en tus anticipaciones del mañana, en tu edad avanzada…; ponlo en las manos del Señor.

Jueves II

Is 41,13-20 No tengas miedo.
Sal 144. El Señor es clemente y misericordioso,
lento a la cólera y rico en piedad.
Mt 11,11-15

DICIEMBRE **12**

En aquel tiempo dijo Jesús: "Os aseguro que, entre todos los hombres, ninguno ha sido más grande que Juan el Bautista; sin embargo, el más pequeño en el reino de los cielos es más grande que él. Desde que vino Juan el Bautista hasta ahora, al reino de los cielos se le hace violencia, y los violentos pretenden acabar con él. Todos los profetas y la ley de Moisés anunciaron el reino hasta que vino Juan. Y, si queréis creerlo, Juan es el profeta Elías, que había de volver. Los que tienen oídos, oigan".

Lectura: A partir de hoy, Juan Bautista nos acompañará una etapa del camino de Adviento, previa al relato de sus orígenes. Es un profeta que encabeza un movimiento de renovación de Israel. Los cristianos lo consideramos como una más de las figuras que forman parte de la constelación de Jesús y solemos designarlo por su relación con Él: es el Precursor, el testigo de Cristo-luz, la lámpara que ardía y brillaba, el amigo del esposo.

Meditación: Hoy es Jesús quien da testimonio sobre Juan. Lo coloca en el horizonte más amplio de la historia de la salvación y lo sitúa como bisagra entre dos épocas: la representada por los profetas y la ley, época de las promesas, y la definitiva, la del cumplimiento que se inaugura con la presencia y la acción de Jesús, portador del reino. Jesús subraya la diferencia entre la que finaliza en Juan y la que comienza con Él. El Bautista parece estar en una cima y en un abismo, ser el primero y el último, según el punto de referencia que tomemos; pero hay algo que importa subrayar: que él no hace de frontera, sino de puente; no frena, sino que encamina hacia Cristo; pone a los oyentes en situación de Adviento. Así es Juan, y así se nos invita a ser: personas que encaminan a otras al encuentro con el Señor. A nosotros, que pertenecemos a la etapa definitiva, la liturgia de la Iglesia nos invita a celebrar un doble recuerdo de Juan: la solemnidad de su nacimiento (el 24 de junio) y su muerte martirial (el 29 de agosto). En medio de ambos acontecimientos se intercala el ejercicio fiel de una misión nada complaciente, sino franca y ardorosa, con estilo y lenguaje abrasivos, como quien cura con vitriolo.

Oración: Señor, nos propones en Juan un modelo de descentramiento. Lejos de concitar toda la atracción sobre su persona, se convierte en una señal que remite a ti. Y Tú remitías a tu Padre: de Él venías, a Él lo anunciabas, a Él volvías. No permitas que seamos pantalla que se interpone, sino señal que te anuncia.

Acción: Hoy, en tus relaciones, intenta no ser barrera ni estorbo, sino puente que une orillas.

Viernes II

Is 48,17-19 Yo soy el Señor, tu Dios.
Sal 1. El que te sigue, Señor, tendrá la luz de la vida.
Mt 11,16-19

DICIEMBRE **13**

*E*n aquel tiempo dijo Jesús: "¿A qué compararé la gente de este tiempo? Es comparable a los niños que se sientan a jugar en las plazas y gritan a sus compañeros: 'Tocamos la flauta, y no bailasteis; cantamos canciones tristes, y no llorasteis.' Porque vino Juan, que ni come ni bebe, y dicen que tiene un demonio. Luego ha venido el Hijo del hombre, que come y bebe, y dicen que es glotón y bebedor, amigo de gente de mala fama y de los que cobran impuestos para Roma. Pero la sabiduría de Dios se demuestra por sus resultados".*

Lectura: El profeta exílico desvela al pueblo deportado a Babilonia la causa de su infortunio y desventura: no ha atendido a los mandatos del Señor. El evangelio empalma con el leído ayer. Para representar la conducta de aquella generación, Jesús se vale de una especie de alegoría que Él mismo explica, refiriéndola a la imagen que esas gentes se han hecho de Juan Bautista (tiene demonio) y de Él mismo (es un comilón y lo tratan gentes de mala condición).

Meditación: Cuando una comunicación se frustra y no alcanza su objetivo, la raíz puede estar, por ejemplo, en el emisor o en el mensaje. En el caso presente, la atención se centra en los emisores: tanto el Bautista como Jesús tienen arruinado el crédito, porque su conducta no los hace recomendables. Pero el problema puede estar en el receptor, que se muestra reacio a acoger el mensaje y alega, para rechazarlo, la falta de credibilidad de los mensajeros, descalificados con juicios sumarios. Se los podía haber visto con otros ojos: ambos señalan la urgencia del momento; la ascesis de Juan puede entenderse como signo de la seriedad de lo que está en juego; las comidas festivas de Jesús como expresión de júbilo ante la presencia del Dios que celebra los esponsales con su pueblo. Parece que mucha gente de aquel tiempo no tenía verdadera actitud de Adviento; quizá estaba demasiado distraída con diversos asuntos (observancias rituales, guarda puntillosa del sábado, tradiciones de los mayores que sorteaban el precepto divino, profanación de la tierra santa por el imperio, etc.); cifraba en ello su identidad, pero se perdía la gracia de aquel momento único, esencial y decisivo para la historia personal, la del pueblo y la de las naciones. Esquivaba las llamadas que la invitaban a prepararse para la llegada de la novedad del reino de Dios, que la apremiaban a convertirse y acogerlo. Es mucho mejor ser descaradamente sincero («Déjame en paz, que no me quiero salvar») que aducir falsas razones; es mucho mejor decir a quien te pide un favor: «Va a ser que no; no me apetece» que decir: «Ya lo siento, pero me pillas en un mal momento; me resulta imposible». El descaro y la comodidad no serán actitudes muy honorables, pero al menos no se peca contra la verdad.

Oración: Cuántas veces, Señor, el problema no está fuera de nosotros, sino dentro: «No es lo que está roto, no, el agua que el vaso tiene; lo que está roto es el vaso, y el agua al suelo se vierte. No es lo que está roto, no, la caja del pensamiento; lo que está roto es la idea, que la lleva a lo soberbio». Las cosas no nos gustan porque tenemos estragado el paladar; la luz nos hiere por tener enferma la vista. No permitas que vivamos de engaños.

Acción: Examina algún hecho de tu vida en que has buscado falsas excusas y culpas a otros de algo que en realidad es culpa tuya.

Sábado II

Eclo 48,1-4.9-11 No hay nadie tan glorioso como tú.
Sal 79. Oh Dios, restáuranos, que brille tu rostro y nos salve.
Mt 17,10-13   **DICIEMBRE 14**

*E*n aquel tiempo los discípulos preguntaron a Jesús: *"¿Por qué dicen los maestros de la ley que Elías tiene que venir primero?". Jesús contestó: "Es cierto que Elías ha de venir y que ha de poner todas las cosas en orden. Sin embargo, yo os digo que Elías ya vino, pero ellos no le reconocieron, sino que hicieron con él cuanto quisieron. De la misma manera va a sufrir a manos de ellos el Hijo del hombre". Entonces comprendieron los discípulos que Jesús les estaba hablando de Juan el Bautista.*

Lectura: El evangelio da la clave de la elección de la primera lectura. En esta, un autor postexílico evoca al profeta Elías, arrebatado al cielo y esperado para el tiempo final. Jesús identifica tácitamente a Juan Bautista como el Elías que tenía que venir, y así lo entendieron los discípulos.

Meditación: Ha tenido lugar la transfiguración del Señor. En ella conversa con Jesús, además de Moisés, el profeta Elías. El autor del Eclesiástico (s. II a. C.) cita libremente en su texto una profecía escrita por Malaquías tres siglos antes: «Yo os enviaré al profeta Elías antes que llegue el día del Señor, grande y terrible; él hará que padres e hijos se reconcilien, de manera que, cuando yo venga, no tenga que entregar esta tierra al exterminio» (Mal 3,23-24). Jesús identifica funcionalmente a Juan con Elías. Si Juan es Elías, señal de que ha llegado el día del Señor, la larga espera toca a su fin, hay que intensificarla y acoger ese día que está a las puertas. Se describe la misión de Elías: poner las cosas en orden, reconciliar las generaciones. Quien identifique a Juan con Elías estará bien dispuesto para vivir el acontecimiento que va a tener lugar; quien no, se lo perderá; de hecho, Jesús trajo división y espada, porque en el seno de las familias fue signo de contradicción y dio origen a una ruptura intergeneracional. El fragmento evangélico de este día avanza sobre el pasaje de ayer. No solo se descalificó a Juan y a Jesús; ambos morirían víctimas de la violencia: una sima lleva a otra sima. Juan de la Cruz, cuya memoria celebramos hoy, recuerda en su nombre mismo y en su historia el paso por la espesura de la cruz.

Oración: «¡Haz de mí, oh, Señor, instrumento de tu paz! Que allí donde haya odio, ponga yo amor; donde haya ofensa, ponga yo perdón. Donde haya discordia, ponga yo unión».

Acción: Pon hoy especial cuidado en no sembrar discordia, sino paz y entendimiento mutuo. Procura ponerte en la situación y el punto de vista del otro para comprenderlo mejor, aunque discrepes.

Domingo III, «gaudete»

Sof 3,14-18a El Señor estará contento de ti.
Sal: Is 12,2-6: Gritad jubilosos: "Qué grande es en medio de ti
el Santo de Israel".
Flp 4,4-7 El Señor está cerca.
Lc 3,10-18

DICIEMBRE 15

En aquel tiempo la gente le preguntaba a Juan: "¿Qué debemos hacer?" Y Juan les contestaba: "El que tiene dos vestidos dé uno al que no tiene ninguno, y el que tiene comida compártala con el que no la tiene." Se acercaron también para ser bautizados algunos de los que cobraban impuestos para Roma, y preguntaron a Juan: "Maestro, ¿qué debemos hacer nosotros?" "No cobréis más de lo que está ordenado" -les dijo Juan. También algunos soldados le preguntaron: "Y nosotros, ¿qué debemos hacer?" Les contestó: "No quitéis nada a nadie con amenazas o falsas acusaciones. Y conformaos con vuestra paga." La gente se encontraba en gran expectación y se preguntaba si tal vez Juan sería el Mesías. Pero Juan les dijo a todos: "Yo, ciertamente, os bautizo con agua; pero viene uno que os bautizará con el Espíritu Santo y con fuego. Él es más poderoso que yo, que ni siquiera merezco desatar la correa de sus sandalias. Trae la pala en la mano para limpiar el trigo y separarlo de la paja. Guardará el trigo en su granero, pero quemará la paja en un fuego que nunca se apagará." De este modo y con otros muchos consejos anunciaba Juan la buena noticia a la gente.

Lectura: «Estad siempre alegres en el Señor» (Flp 4,4). La antífona de entrada este domingo de Adviento (*Gaudete*), tomada de la segunda lectura, nos exhorta a la alegría, al gozo. El apóstol aduce el motivo: «El Señor está cerca». También Sofonías convoca al regocijo; aquí el motivo es la acción liberadora de Dios, que será jubiloso rey de Sion. El Bautista exhorta a la conversión para la venida del que bautizará con Espíritu Santo, de quien procede el fruto de la alegría.

Meditación: Continuamos con el Precursor de Jesús. Su diálogo con distintas categorías de personas viene precedido de la noticia sobre la entrada en escena del propio Juan y sobre su apremiante llamada a dar frutos de conversión. Ha manejado imágenes fuertes: «raza de víboras», «hacha» (para talar el árbol que no dé fruto), «pala» u horca de aventar (para separar trigo y paja), «fuego» (para quemar el árbol que no dé buen fruto y la paja). Y responde a las preguntas de los oyentes sobre lo que deben hacer. El evangelio del reinado o señorío de Dios contiene indicativos y también imperativos. Los primeros enuncian de muchos modos el amor infinito de Dios, su gracia desbordante, su perdón; si los suprimimos, decapitamos y truncamos el evangelio, reducimos a Jesús, el Salvador, a un simple preceptor de moral y zumban en nuestro oído amenazas estremecedoras. El amor de nuestro Padre es el principio y fundamento, el suelo nutricio que alimenta nuestra vida, y Jesús es la vid a la que permanecemos unidos para dar fruto abundante. No ha venido solo con fuego, como pudo decir el Bautista (bautismo con agua-bautismo con fuego), sino con el bautismo de Espíritu Santo, con llama de amor viva. El evangelista hace saber que hay gran expectación: hay actitud de adviento. Las mismas preguntas que hacen los grupos a Juan indican esta actitud.

Oración: Enséñanos, Señor, a conjugar los verbos de la salvación y la vida en sus distintos modos, para no mutilar el cuerpo vivo del Evangelio, el cuerpo de la verdad, sino para acogerlo en toda su anchura y vivirlo con hondura.

Acción: Acoge las invitaciones a la alegría que te dirige la liturgia de hoy e irradia en derredor esa serena alegría que forma parte del fruto del Espíritu.

Lunes III

Nm 24,2-7.15-17a ¡Cuán hermosas son tus tiendas!
Sal 24. Señor, instrúyeme en tus sendas.
Mt 21,23-27

DICIEMBRE **16**

En aquel tiempo Jesús entró en el templo y, mientras estaba en él, enseñando, se le acercaron los jefes de los sacerdotes y los ancianos de los judíos y le preguntaron: "¿Con qué autoridad haces estas cosas? ¿Quién te ha dado tal autoridad?". Jesús les contestó: "Yo también os voy a hacer una pregunta: ¿Quién envió a Juan a bautizar: Dios o los hombres? Si me respondéis, también yo os diré con qué autoridad hago estas cosas". Ellos se pusieron a discutir unos con otros: "Si respondemos que le envió Dios, nos dirá: 'Entonces, ¿por qué no le creísteis?' Y si decimos que fueron los hombres, tenemos miedo de la gente, porque todos tienen a Juan por profeta". Así que respondieron a Jesús: "No lo sabemos". Entonces él les contestó: "Pues tampoco yo os digo con qué autoridad hago estas cosas".

Lectura: Un bello oráculo de Balaán, adivino extranjero, bendice las moradas de Israel con imágenes paradisíacas y anuncia un futuro héroe que dominará pueblos numerosos. Jesús, la antevíspera del episodio de hoy, había entrado en el templo y expulsado a los vendedores. Los responsables del templo lo interrogan por la autoridad que lo legitima para obrar así.

Meditación: La pregunta de Jesús sobre el origen del bautismo de Juan (el profeta que nos ha acompañado estos últimos días) coloca a las autoridades del templo en un verdadero aprieto: las dos opciones del dilema que se les presenta les resultan igual de malas. Ellos se zafan con una respuesta elusiva: dicen, sencillamente, que no saben. Por desgracia, no estamos ante un caso de docta ignorancia. Jesús, por su parte, conoce muy bien la respuesta correcta a la cuestión que le habían planteado, pero se la ahorra. Así se zafa Él también del propósito de sus adversarios de encontrar un motivo para acusarlo. Recogen lo que han sembrado: las evasivas generan evasivas, aunque no de forma automática; análogamente, la sinceridad engendra sinceridad. Hay que hacerse dignos de recibir el don de la verdad. En este relato comprobamos que el problema viene de atrás. No es solo la actuación de Jesús la que los incomoda o solivianta; habrían eludido ya la actuación de Juan y quizá haya que remontarse más atrás en una historia de sorderas y evasivas. Acoger a Juan era la disposición adecuada para acoger a Jesús. Si una sima grita y llama a otra sima, una cumbre grita y llama a otra cumbre y un buen paso prepara el siguiente.

Oración: Señor, cuando nos instalamos en cierta forma de vida, nos vamos afianzando en ella y las llamadas a revisarla rebotan fácilmente en nosotros; cuando nos instalamos en la falsedad, la simulación o la mentira, nos volvemos indignos de la verdad. Que el Espíritu nos muestre la belleza de la verdad, nos lleve a recapacitar, a rectificar y a amar la verdad más que nuestras opiniones, prejuicios y apegos a las meras apariencias.

Acción: Aunque te duela, si hoy te hacen una observación razonable sobre algún fallo tuyo, acéptala y da las gracias. Quizá no la digan con delicadeza, pero acéptala y aprende a ser delicado en las observaciones que creas oportuno hacer.

Martes III

Gn 49,1-2.8-10 Agrupaos y escuchadme.
Sal 71. Que en sus días florezca la justicia,
y la paz abunde eternamente.
Mt 1,1-17

DICIEMBRE **17**

*L*a lista de los antepasados de Jesucristo, descendiente de David y de Abraham: Abraham fue padre de Isaac, éste lo fue de Jacob y éste de Judá y sus hermanos. Judá y Tamar fueron los padres de Fares y Zérah. Fares fue padre de Hesrón y éste de Aram. Aram fue padre de Aminadab, éste lo fue de Nahasón y éste de Salmón. Salmón y Rahab fueron los padres de Booz. Booz y Rut fueron los padres de Obed. Obed fue padre de Jesé. Jesé fue padre del rey David, y el rey David fue padre de Salomón, cuya madre fue la que había sido esposa de Urías. Salomón fue padre de Roboam, éste lo fue de Abías y éste de Asá. Asá fue padre de Josafat, éste lo fue de Joram y éste de Ozías. Ozías fue padre de Joram, éste lo fue de Ahaz y este de Ezequías. (...). Después de la deportación a Babilonia, Jeconías fue padre de Salatiel y éste de Zorobabel. Zorobabel fue padre de Abihud, éste lo fue de Eliaquim y éste de Azor. Azor fue padre de Sadoc, éste lo fue de Aquim y éste de Eliud. Eliud fue padre de Eleazar, éste lo fue de Matán y este de Jacob. Jacob fue padre de José, el marido de María, y ella fue la madre de Jesús, a quien llamamos el Mesías. De modo que hubo catorce generaciones desde Abraham hasta David, catorce desde David hasta la deportación de los israelitas a Babilonia y otras catorce desde la deportación a Babilonia hasta el nacimiento del Mesías.

Lectura: Entramos en una fase nueva del Adviento. A partir de hoy, nos guiarán los textos relativos a la infancia de Jesús. En el pasaje del Génesis, Judá, uno de los doce hijos de

Jacob, recibe una bendición especial de su padre, que tiene unas palabras para cada descendiente. El evangelista, en su árbol genealógico, presenta a Judá como antepasado de Jesús.

Meditación: Mateo hace que la genealogía de Jesús se remonte hasta David (Jesús es «el hijo de David», viene del tronco de Jesé) y hasta Abraham (el fundador del linaje de Israel). No tenemos una mirada divina sobre la historia; vemos el tapiz por el revés. Pero Mateo intenta bien que mal mostrar una continuidad interna en la serie de generaciones, flechada hacia Jesús, su término y culminación. Él no es resultado del azar, un hombre sin raíces en nuestro suelo histórico, un verso suelto en el poema humano. Viene de infinita altura, de infinita lejanía; a la vez viene de un linaje en el que figuran santos y pecadores, mujeres anónimas y matriarcas, nativos y deportados, y en el que no se percibe una especial «limpieza de sangre». Tomará sobre sí esa historia y la redimirá, nos redimirá. En nuestro árbol genealógico puede haber variedad de historias. A quien se anime a conocer esos orígenes, algún episodio puede ruborizarlo y otros lo llenarán de orgullo o de alegría. En todo caso, asumimos esa historia con sus dramas y meandros, sus luces y sombras, sus gozos y fatigas, la ponemos bajo la mirada de Dios y agradecemos el don de la vida y la pertenencia a una familia y un pueblo.

Oración: Jesús, no eres un alienígena, venido de no se sabe qué remota galaxia. Reconocemos tus orígenes humanos y confesamos tu procedencia del Padre. Eres hermano nuestro, de nuestra misma carne y sangre. Oramos por el pueblo de Israel, el tronco del que tú naciste y en el que fuimos injertados nosotros. Descórrele el velo que oculta el sentido de las Escrituras y muéstrate como el objeto de sus esperanzas.

Acción: Haz memoria de los familiares que te preceden y has conocido. Da gracias y ora por ellos.

Miércoles III

Jr 23,5-8 El descendiente de David.
Sal 71. Que en sus días florezca la justicia,
y la paz abunde eternamente.
Mt 1,18-24

DICIEMBRE 18

El nacimiento de Jesucristo fue así: María, su madre, estaba comprometida para casarse con José; pero antes de vivir juntos se encontró encinta por el poder del Espíritu Santo. José, su esposo, que era un hombre justo y no quería denunciar públicamente a María, decidió separarse de ella en secreto. Ya había pensado hacerlo así, cuando un ángel del Señor se le apareció en sueños y le dijo: "José, descendiente de David, no tengas miedo de tomar a María por esposa, porque el hijo que espera es obra del Espíritu Santo. María tendrá un hijo y tú le pondrás por nombre Jesús. Se llamará así porque salvará a su pueblo de sus pecados". Todo esto sucedió para que se cumpliera lo que el Señor había dicho por medio del profeta: "La virgen quedará encinta, y tendrá un hijo al que pondrán por nombre Emanuel" (que significa: "Dios con nosotros"). Cuando José despertó, hizo lo que el ángel del Señor le había ordenado, y tomó a María por esposa.

Lectura: La decepcionante historia de los reyes de Israel no acaba en una resignada lamentación por lo que pudo y debió ser, pero no fue; acaba en una promesa divina. Dios suscitará en la dinastía de David un rey que haga honor a la misión de gobernar con justicia y administrar el derecho. Habrá una nueva actuación divina. José, el esposo de María, es el descendiente de David que permitirá a Jesús entrar en el linaje regio y ser Dios-con-nosotros.

Meditación: José no es un pobre figurante en la historia del nacimiento de Jesús: lleva a su propia casa a María, su mujer; al niño le pone el nombre revelado por el ángel; velará por la seguridad de ambos; educará a Jesús. Se le han dado distintos nombres para reflejar de algún modo la singularidad de su caso, pero no reduzcamos su misión al triste papel de «salvar las apariencias»; reconozcamos su verdad de padre y su trato con Jesús con «corazón de padre» (papa Francisco). Pertenece con todo derecho a la constelación de Jesús. Él, aclarado su cometido en aquella historia, actúa con presteza, para que todo se desarrolle según el querer de Dios. En eso consiste, para el evangelista, ser justo: en secundar la voluntad de Dios. José revoca la decisión tomada cuando le llegan nuevas luces sobre lo que le corresponde hacer. Rectificar es de sabios abiertos a la acción del Espíritu. Ninguno de nosotros es mera comparsa en la historia de la salvación; no estamos en ella para hacer bulto, ser prácticamente un cero a la izquierda, paja que se lleva el viento y consume el fuego. No cedamos a la tentación que nos acecha como a gentes que somos de este tiempo: la de la creer en la vanidad e insignificancia de la vida.

Oración: Señor, en la historia de José nos dices que no somos un estorbo ni unos sobrantes en tu designio de salvación. Despeja nuestras perplejidades y dudas y danos a conocer cuál es tu voluntad, para que podamos secundarla con presteza y alegría.

Acción: Si sientes perplejidad ante un asunto importante y no acabas de aclararte, pide luz y consejo a quien piensas que te puede ayudar a tomar la buena decisión.

Jueves III

Jue 13,2-7.24-25a Ese niño estará consagrado a Dios.
Sal 70. Que mi boca esté llena de tu alabanza y cante tu gloria.
Lc 1,5-25

*E*n el tiempo en que Herodes era rey de Judea, vivía un sacerdote llamado Zacarías, perteneciente al grupo de Abías. Su esposa, llamada Isabel, descendía de Aarón. Ambos eran justos delante de Dios y cumplían los mandatos y leyes del Señor (...). Pero no tenían hijos, porque Isabel no había podido tenerlos. Ahora eran ya los dos muy ancianos. Un día (...) le tocó en suerte a Zacarías entrar en el santuario del templo del Señor para quemar incienso. (...) En esto se le apareció un ángel (...) le dijo: "Zacarías, no tengas miedo, porque Dios ha oído tu oración, y tu esposa Isabel te va a dar un hijo, al que pondrás por nombre Juan. Tú te llenarás de gozo y muchos se alegrarán de su nacimiento, porque tu hijo va a ser grande delante del Señor. No beberá vino ni licor, y estará lleno del Espíritu Santo desde antes de nacer. Hará que muchos de la nación de Israel se vuelvan al Señor su Dios. Irá Juan delante del Señor con el espíritu y el poder del profeta Elías, para reconciliar a los padres con los hijos y para que los rebeldes aprendan a obedecer. De este modo preparará al pueblo para recibir al Señor". Zacarías preguntó al ángel: "¿Cómo puedo estar seguro de esto? Porque yo soy muy anciano, y mi esposa también". El ángel le contestó: "Yo soy Gabriel, y estoy al servicio de Dios. Él me ha enviado a hablar contigo y a darte estas buenas noticias. Pero ahora, como no has creído lo que te he dicho, vas a quedarte mudo; y no volverás a hablar hasta que, a su debido tiempo, suceda todo esto". (...) Cumplido el tiempo de su servicio en el templo, (...) su esposa Isabel quedó encinta (...).

Lectura: El nacimiento de Juan tiene precedentes en la tradición bíblica. Uno de ellos es el nacimiento de Sansón. El anuncio de un mensajero divino asegura la fecundidad y adelanta la misión que desempeñar el niño. Se preludia la singular historia del nacimiento de Jesús.

Meditación: La inventiva humana y la esperanza hacen retroceder los límites entre lo posible y «lo imposible»; la ciencia y la técnica, así como la magnanimidad, están ahí para mostrarlo: permiten cubrir expectativas que a muchos se antojaban irreales. Pero debemos reconocer límites insuperables de lo humano y aceptar las decepciones que nos reserva la vida. Ahora bien, la Escritura y nuestra tradición nos enseñan que no es correcto leer las cosas solo de tejas abajo, en una visión chata y puramente horizontal de la historia. Dios puede abrir posibilidades nuevas y hacer germinar realidades nuevas cuando, humanamente hablando, no hay salida. Hubo un vuelco en la vida de Zacarías e Isabel. El Adviento no es agua pasada que no mueve molino; nos apoyamos en la memoria de estas entradas de Dios en escena para abrirnos a la espera de un nuevo ciclo de presencia divina renovadora de su pueblo.

Oración: Dios y Padre nuestro, para ti nada es imposible. Manifiesta tu señorío sobre la historia y haz surgir figuras que den un impulso nuevo a la vida de tu Iglesia. Danos ojos para reconocer tu acción providente y suscita en nosotros una esperanza abierta a tu adviento.

Acción: Procura trasmitir esperanza, tanto en el curso cotidiano de las cosas como, quizá hoy mismo, en momentos de dificultad. Puedes leer, para mantener viva la esperanza, algún párrafo de la bula *Spes non confundit*. Puede ser el n.º 4, que presenta la paciencia como armónico de la esperanza.

Viernes III

Is 7,10-14 El Señor os dará una señal.
Sal 23. Va a entrar el Señor, él es el Rey de la gloria.
Lc 1,26-38

DICIEMBRE **20**

A los seis meses envió Dios al ángel Gabriel a un pueblo de Galilea llamado Nazaret, a visitar a una joven virgen llamada María que estaba comprometida para casarse con un hombre llamado José, descendiente del rey David. El ángel (...) le dijo: "¡Te saludo, favorecida de Dios! El Señor está contigo". Cuando vio al ángel, se sorprendió de sus palabras, y se preguntaba qué significaría aquel saludo. El ángel le dijo: "María, no tengas miedo, pues tú gozas del favor de Dios. Ahora vas a quedar encinta: tendrás un hijo y le pondrás por nombre Jesús. Será un gran hombre, al que llamarán Hijo del Dios altísimo: y Dios el Señor lo hará rey, como a su antepasado David, y reinará por siempre en la nación de Israel. Su reinado no tendrá fin". María preguntó al ángel: "¿Cómo podrá suceder esto, si no vivo con ningún hombre?". El ángel le contestó: "El Espíritu Santo se posará sobre ti y el poder del Dios altísimo se posará sobre ti como una nube. Por eso, el niño que va a nacer será llamado Santo e Hijo de Dios. También tu parienta Isabel, a pesar de ser anciana, va a tener un hijo; la que decían que no podía tener hijos está encinta desde hace seis meses. Para Dios no hay nada imposible". Entonces María dijo: "Soy la esclava del Señor. ¡Que Dios haga conmigo como me has dicho!". Con esto, el ángel se fue.

Lectura: El texto de Isaías pertenece al llamado Libro del Emmanuel (Is 7,1-12,6). En un momento crítico para la continuidad de la dinastía davídica, el rey de Judá se muestra reacio a recibir una señal del Señor; a pesar de todo, se le va a dar: la joven encinta dará a luz y antes de que el niño llegue al uso de razón quedarán devastados Siria e Israel, que tramaban deponer a Ajaz y entronizar a otro rey en su lugar. El oráculo del profeta da anchura temporal y hondura teológica (histórico-salvífica) al relato del evangelista. La joven es ahora María virgen.

Meditación: Hoy, la nueva figura de la constelación de Jesús es su madre, la Virgen del Adviento. Si alguien puede simbolizar la actitud de adviento es una mujer en vísperas del parto. El estado de buena esperanza de María está a punto de concluir. Pero el relato de la Anunciación nos hace remontarnos al origen mismo de esa maternidad. Ya de entrada, ser adolescente o joven equivale a ser un manantial de sueños, un semillero de ilusiones, un acumulador de esperanzas. A una joven hay que hablarle en futuro: «vas a concebir, vas a dar a luz»; ya tendrá tiempo de guardar en la memoria hechos vividos (cf. Lc 2,19.51). Por añadidura, María es una israelita enraizada en ese pueblo de esperanza inextirpable y renacido de sus cenizas. A la joven israelita se le anuncia algo grande, tan grande que la desborda: el niño que nacerá de ella viene de infinita altura, de infinita lejanía. Entra en acción el Espíritu creador de Dios que se cernía sobre las aguas en los orígenes del mundo. María acoge con alegre entrega su vocación a la maternidad mesiánica.

Oración: Señor, para ti nada es imposible, Tú eres dueño del qué, del porqué y del cómo, y todo se desarrolla en los tiempos y plazos que tienes señalados. Te llegas por tu Espíritu a lo hondo de la conciencia y suscitas en ella un sí gozoso.

Acción: Ora hoy por las vocaciones a las diferentes formas de vida eclesial; en especial, hazlo por los jóvenes que están discerniendo la llamada del Señor y por los que la han acogido en fe (en confianza y obediencia).

Sábado III

Cnt 2,8-14 ¡Levántate y ven!
Sal 32. Aclamad, justos, al Señor, cantadle un cántico nuevo.
Lc 1,39-45

Por aquellos días, María se dirigió de prisa a un pueblo de la región montañosa de Judea, y entró en casa de Zacarías y saludó a Isabel. Cuando Isabel oyó el saludo de María, la criatura se movió en su vientre, y ella quedó llena del Espíritu Santo. Entonces, con voz muy fuerte, dijo Isabel: "¡Dios te ha bendecido más que a todas las mujeres, y ha bendecido a tu hijo! ¿Quién soy yo para que venga a visitarme la madre de mi Señor? Tan pronto como he oído tu saludo, mi hijo se ha movido de alegría en mi vientre. ¡Dichosa tú por haber creído que han de cumplirse las cosas que el Señor te ha dicho!".

Lectura: La Palabra de Dios propone dos encuentros gozosos: el del amado y la amada y el de María e Isabel. La amada canta la venida del amado, al que divisa saltando por las alturas y detenido luego junto a su casa; y recoge la voz del amado, que le dice: «Ven a mí», deseoso de ver su figura y oír su voz; son los preludios del encuentro cara a cara. María acude deprisa a casa de Isabel y, sin más preludios, ambas viven su encuentro en el clima de gozo de los tiempos mesiánicos.

Meditación: Las dos figuras femeninas del evangelio, aparte de ser parientes, tienen mucho en común: son dos mujeres, dos hijas del pueblo de Israel, dos creyentes, dos pobres de Yahvé, dos gestantes, dos hermanas en la vivencia gozosa de la misericordia de Dios. No faltan diferencias: de edad y energías vitales (representan dos generaciones distintas); de estado civil (María, desposada, no convive aún con José; Isabel lleva años casada); de región (Galilea y Judea difieren en geografía física, en recursos materiales, en el habla o acento de los habitantes, rivales entre sí); de modo de maternidad (virginal una, privada de tiempo fértil la otra). Pero ambas, al unísono y cada una con su acento, tienen algo que decirnos desde aquella plenitud salvífica. Nos dicen que la única y santa eternidad de Dios, para quien un día es como mil años y mil años como un día, abarca todas nuestras edades; nos dicen que este Dios es contemporáneo de cada edad, que su misericordia llega a sus fieles generación tras generación y que alcanza a nuestra inconfundible identidad; nos dicen que el Espíritu de vida, en momentos especiales, llena el corazón, que se desborda en palabras jubilosas; nos dicen que ellas, María e Isabel, Isabel y María, están al servicio de un mismo designio de Dios que las excede, que nos excede, y que a la vez las incorpora y nos incorpora, como incorporó a José (porque «Dios añade») y a Zacarías (porque «Dios se acuerda»); nos dicen que, bajo el impulso de este Espíritu, podemos convivir personas con edades e identidades diferentes y que podemos reparar en lo que nos distingue y quizá separa, pero sin olvidar todo lo que nos une.

Oración: Jesús, Tú te encontraste con toda clase de personas. Fueron encuentros vocacionales, encuentros de sanación, encuentros de perdón y rehabilitación; por desgracia, no faltaron desencuentros. Eres maestro de encuentros: tu presencia, tu palabra y tus gestos expresaban cercanía, generaban comunión, irradiaban vida. Ven a nuestro encuentro, hazte presente en nosotros y entre nosotros cuando nos reunimos en tu nombre, para que tu presencia confirme e impulse la unión fraterna.

Acción: Visita a una persona que se alegrará de tu presencia y compañía.

Domingo IV

Miq 5,1-4a De Belén saldrá un gobernante.
Sal 23. Va a entrar el Señor, él es el Rey de la gloria.
Hb 10,5-10 Aquí vengo para hacer tu voluntad.
Lc 1,39-45

DICIEMBRE **22**

Por aquellos días, María se dirigió de prisa a un pueblo de la región montañosa de Judea, y entró en casa de Zacarías y saludó a Isabel. Cuando Isabel oyó el saludo de María, la criatura se movió en su vientre, y ella quedó llena del Espíritu Santo. Entonces, con voz muy fuerte, dijo Isabel: "¡Dios te ha bendecido más que a todas las mujeres, y ha bendecido a tu hijo! ¿Quién soy yo para que venga a visitarme la madre de mi Señor? Tan pronto como he oído tu saludo, mi hijo se ha movido de alegría en mi vientre. ¡Dichosa tú por haber creído que han de cumplirse las cosas que el Señor te ha dicho!"

Lectura: Miqueas evoca la pequeña Belén, lugar del nacimiento de David, y la futura gloria de esta aldea. La Carta a los Hebreos revela la plena disponibilidad del Hijo a la voluntad de Dios al entrar en el mundo. El evangelio, este año, reproduce el texto de ayer.

Meditación: Nos detenemos en las conductas de las dos mujeres (María e Isabel). El encuentro implica la presencia mutua, el cara a cara, la cercanía física o incluso el contacto y el abrazo, el coloquio con sus elementos verbales y no verbales. María saluda. El saludo es más que un acto de cortesía; es un reconocimiento del otro y expresa una actitud favorable hacia él. Antes de abordarlo para que nos resuelva un problema, lo tratamos como persona dotada de dignidad y fin en sí misma. Prescindiendo de la cortesía fugaz que se cruzan dos transeúntes, el saludo es umbral y atrio, más aún, es principio del encuentro en que el corazón habla al corazón. El saludo de María a Isabel no solo porta una carga expresiva; es eficaz en la receptora. Rima con él el ósculo santo, forma intensa de saludo entre los creyentes (Rm 16,16; 1Co 16,20; 1Ts 5,26). Isabel felicita efusivamente a María y la declara bendita. Los llamados a heredar una bendición han de ser expertos en bendecir (cf. 1Pe 3,9); al felicitar, reconocemos el don que habita en la hermana o el hermano y los encomiamos. Esas prácticas generan comunión y la consolidan en la vida diaria. A la comunión interpersonal y a la cohesión de un grupo contribuye advertir las diferencias que, sin separar, dan variedad y cobrar clara conciencia, en ocasiones de modo solemne, de cuanto se tiene en común.

Oración: Señor, en el discurso de misión, encomendaste a los discípulos que saludaran al entrar en una casa; y en el discurso del llano les intimaste que bendijeran incluso a quienes los maldecían. Nos enseñas que, si somos hijos de la paz, debemos trasmitirla y que, si hemos sido llamados a heredar una bendición, debemos ejercitarnos en bendecir.

Acción: Cuida hoy especialmente el saludo a las personas. Elogia alguno de sus gestos o conductas.

Lunes IV

Mal 3,1-4.23-24 Envío mi mensajero delante de mí.
Sal 24. Levantaos, alzad la cabeza:
se acerca vuestra liberación.
Lc 1,57-66

Al cumplirse el tiempo en que Isabel había de dar a luz, tuvo un hijo. Sus vecinos y parientes fueron a felicitarla cuando supieron que el Señor había sido tan bueno con ella. A los ocho días llevaron a circuncidar al niño, y querían ponerle el nombre de su padre, Zacarías. Pero la madre dijo: "No. Tiene que llamarse Juan". Le contestaron: "No hay nadie en tu familia con ese nombre". Entonces preguntaron por señas al padre del niño, para saber qué nombre quería ponerle. El padre pidió una tabla para escribir, y escribió: "Su nombre es Juan". Y todos se quedaron admirados. En aquel mismo momento, Zacarías recobró el habla y comenzó a alabar a Dios. Todos los vecinos estaban asombrados, y en toda la región montañosa de Judea se contaba lo sucedido. Cuantos lo oían se preguntaban a sí mismos: "¿Qué llegará a ser este niño?". Porque ciertamente el Señor mostraba su poder en favor de él.

Lectura: El último de los profetas, Malaquías, anuncia al precursor que prepara el camino de Jesús. Las imágenes del profeta cuadran con el estilo del Bautista, hombre de palabra recia que, como el fogoso Elías, fustiga mentiras y grita verdades; pero no olvidemos su nombre: Juan, que significa «Dios ha hecho misericordia».

Meditación: Hubo una gran novedad en la concepción del hijo de Zacarías e Isabel; se comprende que también haya novedad en la imposición del nombre. Son tiempos nuevos que piden nombres nuevos. En Zacarías es solo cuestión de recordar lo que le había dicho el ángel; en Isabel parece actuar de nuevo el Espíritu Santo. (En todo caso, Isabel expresa con ese nombre la gran misericordia que Dios ha tenido con ella; así ejercita también ella la memoria de la obra de Dios). El nombre del niño no ha sido elegido al azar. Este niño no se llama Nadie (nombre ideado por Ulises para prevenir un ataque de los cíclopes alertados por Polifemo), ni Expósito, ni «No-compadecido» (cf. Os 1,6) ni «No-mi-pueblo» (Os 1,9), sino Juan. Es un nombre personal, no un número; un nombre que lleva una carga de sentido y una carga afectiva, no un combinado de cifras vacías e inexpresivas; y es un nombre teofórico, que dice mucho de Dios, de su acción misericordiosa.

Oración: Dios y Padre nuestro, Tú, que nos has enviado a Jesús, el Hombre nuevo, que haces nuevas todas las cosas y que crearás los cielos nuevos y la tierra nueva, nos impulsas ahora a caminar por sendas de vida nueva; no permitas que recaigamos en las formas de pensar, sentir y actuar del hombre viejo y haz que veamos con ojos nuevos, sintamos con corazón nuevo, hablemos palabras nuevas y realicemos obras nuevas, para que podamos entonar un cántico nuevo en tu gloria. Amén.

Acción: Al saludar a una persona que conoces, además de la fórmula común de saludo, procura emplear su nombre, como gesto propio de una comunicación que tiene en cuenta esa especial seña de identidad.

Martes IV

2Sa 7,1-5.8b-12.14a.16 El Señor está contigo.
Sal 88. Cantaré eternamente tus misericordias, Señor.
Lc 1,67-79

DICIEMBRE 24

*E*n aquel tiempo Zacarías, el padre del niño, lleno del Espíritu Santo y hablando en profecía, dijo: "¡Bendito sea el Señor, Dios de Israel, porque ha venido a rescatar a su pueblo! Nos ha enviado un poderoso salvador, un descendiente de David, su siervo. Esto es lo que había prometido en el pasado por medio de sus santos profetas: que nos salvaría de nuestros enemigos y de todos los que nos odian, que tendría compasión de nuestros antepasados y que no se olvidaría de su santo pacto. Y éste es el juramento que había hecho a nuestro padre Abraham: que nos libraría de nuestros enemigos, para servirle sin temor con santidad y justicia, y estar en su presencia todos los días de nuestra vida. En cuanto a ti, hijito mío, serás llamado profeta del Dios altísimo, porque irás delante del Señor preparando sus caminos, para hacer saber a su pueblo que Dios les perdona sus pecados y les da la salvación. Porque nuestro Dios, en su gran misericordia, nos trae de lo alto el sol de un nuevo día, para iluminar a los que viven en la más profunda oscuridad, para dirigir nuestros pasos por un camino de paz".

Lectura: Entre los dípticos que componen el evangelio lucano de la infancia no podía faltar el himno entonado por Zacarías, en paralelo al magníficat de María. El padre de Juan canta la fuerza de salvación suscitada por Dios en la casa de David; se cumple la promesa de Dios al rey a través del profeta: le dará una dinastía y su casa durará para siempre.

Meditación: «Señor, me abrirás los labios, y mi boca proclamará tu alabanza» (Sal 51,17). Así le sucedió a Zacarías: el Señor lo libró de su mudez y él rompió a cantar. Por fin, ha tenido lugar la visitación que Dios había prometido a su pueblo. Zacarías arracima en su canto toda la espera de Israel. Esta se remansa ya aquí, en un nacimiento precursor del nacimiento de Jesús. Al igual que María, en el magníficat, se refiere dos veces a la misericordia de Dios, también Zacarías, en su benedictus, la menciona dos veces; como María señala la fuerza del brazo de Dios en acción, Zacarías alude a la fuerza salvadora suscitada en la casa de David; como María evoca a Abraham y su descendencia, Zacarías recuerda el juramento hecho al patriarca; como María habla de la fiel memoria de Dios, Zacarías confiesa que Dios se acordó de su santa alianza. Es un mismo canto, a voces mixtas y en perfecto acorde. La misericordia de Dios no alcanza solo a una virgen y a una estéril; viene de antiguo: se remonta a los padres, y se dilata de generación en generación a todo el pueblo de Israel.

Oración: Visítanos, Señor, que tu misericordia venga sobre tu Iglesia. Cada mañana, con Zacarías, reza y canta ella un himno de bendición a tu amor fiel, el solo capaz de hacernos vivir en santidad y justicia; cada tarde, con María, descansa en ti su fatiga y se alegra en ti, su Salvador. Que nuestra vida sea canto evangélico a tu gracia.

Acción: Pídele al Señor que abra tus labios y reza el benedictus, volviéndote consciente de que Dios ha visitado a su pueblo y que lo visitará con el sol que nace de lo alto. Así ejercitas tu fe y tu esperanza.

Natividad del Señor

Is 52,7-10 El Señor vuelve.
Sal 97. Los confines de la tierra han contemplado la victoria de nuestro Dios.
Hb 1,1-6 Nos ha hablado por medio del Hijo.
Jn 1,1-18   DICIEMBRE **25**

En el principio ya existía la Palabra, y aquel que es la Palabra estaba con Dios y era Dios. Él estaba en el principio con Dios. Por medio de él, Dios hizo todas las cosas; nada de lo que existe fue hecho sin él. En él estaba la vida, y la vida era la luz de la humanidad. Esta luz brilla en las tinieblas, y las tinieblas no han podido apagarla. Hubo un hombre llamado Juan, a quien Dios envió como testigo, para que diera testimonio de la luz y para que todos creyesen por medio de él. Juan no era la luz, sino uno enviado a dar testimonio de la luz. La luz verdadera que alumbra a toda la humanidad venía a este mundo. Aquel que es la Palabra estaba en el mundo, y aunque Dios había hecho el mundo por medio de él, los que son del mundo no le reconocieron. Vino a su propio mundo, pero los suyos no le recibieron. Pero a quienes le recibieron y creyeron en él les concedió el privilegio de llegar a ser hijos de Dios. Y son hijos de Dios, no por la naturaleza ni los deseos humanos, sino porque Dios los ha engendrado. Aquel que es la Palabra se hizo hombre y vivió entre nosotros lleno de amor y de verdad. Y hemos visto su gloria, la gloria que como Hijo único recibió del Padre. Juan dio testimonio de él diciendo: "A este me refería yo cuando dije que el que viene después de mí es más importante que yo, porque existía antes que yo". De sus grandes riquezas, todos hemos recibido bendición tras bendición. Porque la ley fue dada por medio de Moisés, pero el amor y la verdad se han hecho realidad por medio de Jesucristo. Nadie ha visto jamás a Dios; el Hijo único, que es Dios y que vive en íntima comunión con el Padre, nos lo ha dado a conocer.

Lectura: La misa del día propone a Jesús como el consuelo de Israel, como la Palabra definitiva de Dios a su pueblo, como el Hijo engendrado por Dios en la eternidad y ahora presente en la historia, hecho Palabra encarnada, y como la luz verdadera que alumbra a todo hombre.

Meditación: Una primera y esencial pregunta: ¿Quién es ese Niño cuyo nacimiento celebramos hoy? Y una respuesta: Es el Intérprete de Dios. No un intérprete más (otro ángel, otro profeta), sino el intérprete nato, el intérprete por antonomasia. Es el único que puede cumplir de manera perfecta esa misión. Porque Él conoce desde dentro las dos orillas, la divina y la humana; y las conoce porque pertenece a ellas: es Dios verdadero de Dios verdadero y es hombre verdadero de linaje humano verdadero. Conoce a Dios: ¡Como que es su Hijo único! Está vuelto al seno del Padre, es su imagen perfecta, reflejo de su gloria. Ha venido a revelarnos al Padre y va a hacer de intérprete con toda su persona. Así, quien lo oye a Él oye al Padre, quien lo ve a Él ve al Padre. Sí, Él es el intérprete nato de Dios; y el intérprete perfecto: es «bilingüe simultáneo», pues las dos lenguas son sus lenguas nativas.

Oración: Te adoramos, Señor Jesús. En este admirable intercambio que nos salva, has venido a vivir tu vida entre nosotros para que podamos vivir nuestra vida en ti. Sé la Vida de nuestra vida, y así también en esta podrá verse una invitación a la fe en la bondad y amor infinitos del Padre.

Acción: Felicita a una madre que haya dado a luz recientemente y ora por la criatura que ha traído al mundo.

San Esteban

Hch 6,8-10; 7,54-60 Señor Jesús, recibe mi espíritu.
Sal 30. A tus manos, Señor, encomiendo mi espíritu.
Mt 10,17-22

DICIEMBRE **26**

*E*n aquel tiempo dijo Jesús: Tened cuidado, porque os entregarán a las autoridades, os golpearán en las sinagogas y hasta os conducirán ante gobernadores y reyes por causa mía; así podréis dar testimonio de mí ante ellos y ante los paganos. Pero cuando os entreguen a las autoridades, no os preocupéis por lo que habéis de decir o por cómo decirlo, porque en aquel momento os dará Dios las palabras. No seréis vosotros quienes habléis, sino que el Espíritu de vuestro Padre hablará por vosotros. Los hermanos entregarán a la muerte a sus hermanos, y los padres a sus hijos; y los hijos se levantarán contra sus padres y los matarán. Todo el mundo os odiará por causa mía, pero el que permanezca firme hasta el fin será salvo".

Lectura: En el clima de persecución que sufrió la comunidad de Jerusalén hacia el año 35 y en la muerte de Esteban se cumple lo anunciado por Jesús en el discurso de misión del evangelio de Mateo (Mt 10,17-22). Esteban es un hombre lleno de fe (Hch 6,5), del don de fortaleza (Hch 6,8) y del Espíritu Santo (Hch 6,5; 7,55). Este Espíritu, el Espíritu del Padre, habla por él en el trance de su martirio.

Meditación: Ayer celebramos la Natividad del Señor; hoy hacemos memoria festiva del *dies natalis* de Esteban (su nacimiento a la vida definitiva). El Hijo de Dios, a la edad de cinco minutos, compartió nuestros dolores. Esteban es un discípulo que sigue de cerca, paso a paso, las huellas de su maestro: revestido del poder que Jesús había dado a sus enviados, realiza signos y prodigios en medio del pueblo (Hch 6,8); da testimonio de la verdadera identidad de Jesús, no reconocida por los interlocutores, y declara que el Hijo del hombre ha sido glorificado y está de pie a la derecha de Dios (Hch 7,52.55); cuando lo apedrean, le pide que reciba su espíritu (Hch 7,59), al igual que Jesús había encomendado su propio espíritu al Padre; le pide también que no tenga en cuenta el pecado de los que lo apedrean (Hch 7,60), como Jesús había pedido al Padre que perdonara a los que lo crucificaron. Ha participado en la pasión de Jesús con el espíritu de Jesús, y el Resucitado lo hará participar de su gloria.

Oración: Jesús, tú diste testimonio de la verdad y Esteban dio testimonio de ti. Has hecho de nosotros un pueblo de creyentes testigos, de discípulos misioneros. Danos tu Espíritu, que nos haga conocer y confesar la verdadera fe. Otorga este Espíritu a los hermanos que sufren persecución, falsas delaciones, maltrato y tortura; que el don de la fortaleza los haga perseverar hasta el fin en el amor fiel a ti y experimentar tu salvación.

Acción: No te calles, por timidez o por comodidad, algo que consideras que debes decir, aunque te ocasione algún sinsabor. Es un buen ejercicio de la sana libertad de palabra.

San Juan, evangelista

1Jn 1,1-4 Se trata de la palabra de vida.
Sal 96. Alegraos, justos, con el Señor.
Jn 20, 2-8

DICIEMBRE **27**

*E*l primer día de la semana María Magdalena corrió a donde estaban Simón Pedro y el otro discípulo, aquel a quien Jesús quería mucho, y les dijo: "¡Se han llevado del sepulcro al Señor y no sabemos dónde lo han puesto!". Pedro y el otro discípulo salieron y fueron al sepulcro. Los dos iban corriendo juntos, pero el otro corrió más que Pedro y llegó primero al sepulcro. Se agachó a mirar y vio allí las vendas, pero no entró. Detrás de él llegó Simón Pedro, que entró en el sepulcro. Él también vio allí las vendas, y vio además que la tela que había servido para envolver la cabeza de Jesús no estaba junto a las vendas, sino enrollada y puesta aparte. Entonces entró también el otro discípulo, el que había llegado primero al sepulcro, y vio lo que había pasado y creyó.

Lectura: Comenzamos la lectura de la primera Carta de Juan. El prólogo evoca el misterio de la encarnación: la Palabra de vida se hizo audible, visible, palpable; de la experiencia nace el testimonio. El evangelio narra otra forma de visión del discípulo amado: ve, como Pedro, las vendas en el suelo, el sudario enrollado aparte, y cree en la resurrección de Jesús, gracias al testimonio concorde de la Escritura (Ley, profetas, escritos).

Meditación: Desde hace cierto tiempo, Pedro y Juan, como también María Virgen, Santiago y Pablo, se han entendido como figuras que personifican cierto perfil de la Iglesia: Pedro simboliza la institución; representa la santidad objetiva, las mediaciones en que el amor redentor de Dios se hace presente y se transmite, y así promueve, cultiva, vivifica, sana, fomenta la vida teologal; a estas mediaciones pertenecen los sacramentos y la Palabra de Dios interpretada por quienes tienen autoridad para enseñar en la Iglesia. Santiago representa la tradición y la continuidad entre la antigua y la nueva alianza. Pablo simboliza la libertad: no es la observancia de la ley, sino la fe en Cristo el cauce de la comunión con Dios y de la salvación. María encarna el sí nupcial y materno, un sí que ha precedido a todos los otros, un sí que representa a toda la humanidad que acoge a Dios y su designio. Juan significa el amor acogido y el amor que responde, el amor contemplativo y la pasión por la unidad; en la tumba vacía y el lienzo plegado el discípulo amado reconoce el misterio de la resurrección de Jesús de entre los muertos; de la visión de los signos y la comprensión de las Escrituras pasa a la fe en el Misterio.

Oración: Gracias, Señor, por el testimonio que nos dejó el discípulo amado sobre ti. Él recostó su cabeza sobre tu pecho y tú le intimaste la hondura, altura y anchura de tu verdad personal, que quedó impresa en él para siempre. Que tu Espíritu, a través del amor, nos haga entrar en esa verdad que nos da vida y nos hace libres.

Acción: Pregúntate cuál es tu relación con las realidades representadas por las figuras de Pedro, Santiago, Pablo, María y Juan. Examina si en alguna de esas relaciones importa introducir algún cambio.

Santos Inocentes

1Jn 1,5–2,2 *Dios es luz.*
Sal 123. Hemos salvado la vida, como un pájaro
de la trampa del cazador.
Mt 2,13-18

Cuando ya los sabios se habían ido, un ángel del Señor se apareció en sueños a José y le dijo: "Levántate, toma al niño y a su madre y huye a Egipto. Quédate allí hasta que yo te avise, porque Herodes va a buscar al niño para matarlo". José se levantó, tomó al niño y a su madre y salió de noche con ellos camino de Egipto, donde estuvieron hasta que murió Herodes. Esto sucedió para que se cumpliese lo que el Señor había dicho por medio del profeta: "De Egipto llamé a mi hijo". Al darse cuenta Herodes de que aquellos sabios de Oriente le habían burlado, se enfureció; y calculando el tiempo por lo que ellos habían dicho, mandó matar a todos los niños menores de dos años que vivían en Belén y sus alrededores. Así se cumplió lo que había dicho el profeta Jeremías: "Se oyó una voz en Ramá, llantos y grandes lamentos. Era Raquel, que lloraba a sus hijos y no quería ser consolada porque ya estaban muertos".

Lectura: La Carta de Juan presenta a Jesús, el Cordero inocente, como víctima de propiciación por nuestros pecados. El relato del evangelio evoca a víctimas inocentes que precedieron al Cordero y otras que lo seguirán. La orden dada por Herodes se inspira en la que dio el faraón a las comadronas israelitas: cuando asistieran a un parto de las hebreas, si era niño, debían matarlo (Éx 1,15-22).

Meditación: Raquel llora por sus hijos, porque ya no existen. No somos entes sueltos, independientes y totalmente extraños entre sí; nos unen lazos de parentesco, de amistad, de vocación compartida. Hay una simbiosis de unos con otros; el grado supremo es el que se da entre la madre y el niño pequeño. Y tenemos cada uno un mundo afectivo más o menos rico y siempre muy delicado. Por esa compenetración vital mutua, el daño que hacemos a una persona no acaba donde empieza y en quien empieza; no, tiene una onda expansiva y repercute en las personas unidas a quien ha padecido el daño; toman parte en su sufrimiento, como lo ilustra la figura de Raquel en el comienzo de la vida de Jesús y lo ilustra en el final la figura imperecedera de la Dolorosa. La muerte de sus hijos les rompe el corazón. Otro tanto, gracias a Dios, sucede con el bien, que se difunde desde el receptor a cuantos tienen lazos con él. Si quieres ganarte a unas madres, trata con delicadeza y cariño a sus hijos; así resarces de algún modo el sufrimiento de Raquel y cambias su duelo en alegría. Quizá Herodes era blando y suave como una malva en su trato con Roma y duro con su pueblo. En todo caso, la historia de los inocentes nos invita a preguntarnos si no tendemos a ser bravos con los débiles y débiles con los bravos. ¡Donosa gallardía!

Oración: Jesús, tú eres «El Inocente», «El Santo Inocente» por antonomasia: tu drama del Calvario es cifra de todos los dramas de los inocentes. Pero tu victoria es tu verdad última, la revelación última de Dios, y en tu victoria incorporas a ti todas las víctimas inocentes. En ti se nos revela la eterna inocencia de Dios.

Acción: Acompaña y expresa tu condolencia a una persona o familia que haya perdido recientemente un ser querido.

Sagrada Familia

Eclo 3,2-6.12-14 Empéñate en honrar a tu padre.
Sal 127. Dichosos los que temen al Señor y siguen sus caminos.
Col 3,12-21 Revestíos de amor.
Lc 2,41-52

Los padres de Jesús iban cada año a Jerusalén para la fiesta de la Pascua. Y así, cuando Jesús cumplió doce años, fueron todos allá, como era costumbre en esa fiesta. Pero pasados aquellos días, cuando volvían a casa, el niño Jesús se quedó en Jerusalén sin que sus padres se dieran cuenta. Pensando que Jesús iba entre la gente hicieron un día de camino; pero luego, al buscarlo entre los parientes y conocidos, no lo encontraron. Así que regresaron a Jerusalén para buscarlo allí. Al cabo de tres días lo encontraron en el templo, sentado entre los maestros de la ley, escuchándolos y haciéndoles preguntas. Y todos los que le oían se admiraban de su inteligencia y de sus respuestas. Cuando sus padres le vieron, se sorprendieron. Y su madre le dijo: "Hijo mío, ¿por qué nos has hecho esto? Tu padre y yo te hemos estado buscando llenos de angustia". Jesús les contestó: "¿Por qué me buscabais? ¿No sabéis que tengo que ocuparme en las cosas de mi Padre?". Pero ellos no entendieron lo que les decía. Jesús volvió con ellos a Nazaret, donde vivió obedeciéndolos en todo. Su madre guardaba todo esto en el corazón (...).

Lectura: El domingo dentro de la octava de Navidad presenta en su vida familiar a Jesús, ya nacido y crecido, y a sus padres. La encarnación del Hijo de Dios no significa solo que tiene cuerpo y mente humanos; significa que forma parte de una familia, de un pueblo, de una cultura. Las lecturas invitan a vivir bien las relaciones intergeneracionales y la vida comunitaria cristiana.

Meditación: Uno de los nombres dados al episodio evangélico de hoy es el de «primera Pascua de Jesús». En el relato de esta subida con sus padres a Jerusalén para celebrar la Pascua del pueblo cabe leer referencias a la propia Pascua del Señor. Como celebramos la fiesta de la Sagrada Familia, haremos una lectura más a ras de las relaciones en la vida familiar (sin pretender reducir el contenido teológico a un percance humano común). En la convivencia no hay una plena transparencia mutua que evite toda opacidad y equívoco. A veces, se parte de presunciones erróneas: los padres de Jesús suponen que el niño está en la caravana y él supone que sus padres saben que se queda en Jerusalén; se ahorran toda notificación mutua por ser informativamente vacía y actúan de acuerdo con las respectivas suposiciones. Al final de la jornada, los padres extrañan al niño, emprenden la búsqueda angustiosa y al cabo de tres días lo encuentran. Salvada la distancia física, hay que acortar la mental. La pregunta inevitable de la madre tiende un puente para que de la otra orilla llegue una explicación aquietadora, pero el diálogo madre-hijo será un cruce de extrañezas. Como la pregunta es «la piedad del pensamiento», la respuesta es su quietud, y la respuesta enigmática, su fecundación y estímulo. Extrañar, angustiarse, buscar, encontrar, dar palabras al dolor, preguntar, escuchar, pensar: convivir es entretejer familiaridades y extrañezas.

Oración: Señor, tú conoces nuestras familias, sus alegrías, proyectos, penas, dificultades, a veces dolorosas rupturas. Te pedimos que la casa sea un espacio habitable, de cuidado mutuo, de comunicación y buena convivencia, de hospitalidad.

Acción: Llama a algunos familiares que viven en otro lugar y deséales una feliz fiesta de la Sagrada Familia y su protección para conjurar situaciones como la narrada. Y procura tener la transparencia precisa para no ocasionar ansiedad y sufrimiento evitables.

Lunes, octava de Navidad

1Jn 2,12-17 Dios os ha perdonado vuestros pecados.
Sal 95. Alégrese el cielo, goce la tierra.
Lc 2,36-40

DICIEMBRE **30**

*E*n aquel tiempo estaba también allí una profetisa llamada Ana, hija de Penuel, de la tribu de Aser. Era muy anciana. Se había casado siendo muy joven y vivió con su marido siete años; pero hacía ya ochenta y cuatro que había quedado viuda. Nunca salía del templo, sino que servía día y noche al Señor, con ayunos y oraciones. Ana se presentó en aquel mismo momento, y comenzó a dar gracias a Dios y a hablar del niño Jesús a todos los que esperaban la liberación de Jerusalén. Cuando ya habían cumplido con todo lo que dispone la ley del Señor, regresaron a Galilea, a su pueblo de Nazaret. Y el niño crecía y se hacía más fuerte y más sabio, y gozaba del favor de Dios.

Lectura: La carta de Juan va dirigida simultáneamente a la generación de los padres, que conocen a Dios, y a la de los hijos, que han vencido al maligno. Señala la antítesis e incompatibilidad entre amar al mundo y sus pasiones y amar a Dios. Ana es una mujer casi centenaria, profetisa que vive a la sombra del templo y modelo de una esperanza nutrida con ayunos y oraciones, prácticas que aceleran la venida del Mesías.

Meditación: Ana es, sí, una mujer muy entrada en años. Pero es una profetisa. Como tal, no es una nostálgica detenida en el ayer, no se encuentra varada en un pasado fenecido e irrecuperable, no es una figura prototípica de la añoranza;

es una mujer del presente, una mujer de su tiempo. Su calendario está sincronizado con el calendario salvífico de Dios, con el kairós único que se está cumpliendo. No ha estado distraída en entretenimientos, cuidados y afanes del «mundo» que la tuvieran ajena al callado acontecer salvífico que ya germina; su oración la ha mantenido abierta a la novedad que Dios hace surgir. Y como es profetisa, tiene el don de la palabra y el encargo de trasmitirla. No puede permanecer callada, reservando para sí tan preciosa y decisiva noticia. Si a la esencia de la verdad pertenece ser compartida, ¿qué decir de esta verdad, de esta Buena Noticia que será de gran alegría para todo el pueblo, para los habitantes de todas las naciones? Hay personas que la aguardan; Ana no será remisa ni perezosa en hablarles de la visitación de Dios en la venida de este Niño.

Oración: Te damos gracias, Señor, por los ancianos que han sido y son, como Ana y Simeón, mujeres y hombres que saben vivir su tiempo y mantienen una tenaz esperanza en medio de duras pruebas; te damos gracias por los ancianos que recibieron de las generaciones anteriores el don de la fe y lo han trasmitido a hijos y a nietos.

Acción: Examina cuál es tu actitud ante las personas entradas en años. Si perteneces a este grupo, reflexiona sobre tu actitud hacia las personas de otras generaciones. ¿Puedes tomar alguna decisión favorable para unos y otros?

Martes, octava de Navidad

1Jn 2,18-21 ¿Esta es la hora última?
Sal 95. Alégrese el cielo, goce la tierra.
Jn 1,1-18

DICIEMBRE 31

En el principio ya existía la Palabra, y aquel que es la Palabra estaba con Dios y era Dios. Él estaba en el principio con Dios. Por medio de él, Dios hizo todas las cosas; nada de lo que existe fue hecho sin él. En él estaba la vida, y la vida era la luz de la humanidad. Esta luz brilla en las tinieblas, y las tinieblas no han podido apagarla. (...) La luz verdadera que alumbra a toda la humanidad venía a este mundo. Aquel que es la Palabra estaba en el mundo, y aunque Dios había hecho el mundo por medio de él, los que son del mundo no le reconocieron. Vino a su propio mundo, pero los suyos no le recibieron. Pero a quienes le recibieron y creyeron en él les concedió el privilegio de llegar a ser hijos de Dios. Y son hijos de Dios, no por la naturaleza ni los deseos humanos, sino porque Dios los ha engendrado. Aquel que es la Palabra se hizo hombre y vivió entre nosotros lleno de amor y de verdad. Y hemos visto su gloria, la gloria que como Hijo único recibió del Padre. (...) De sus grandes riquezas, todos hemos recibido bendición tras bendición. Porque la ley fue dada por medio de Moisés, pero el amor y la verdad se han hecho realidad por medio de Jesucristo. Nadie ha visto jamás a Dios; el Hijo único, que es Dios y que vive en íntima comunión con el Padre, nos lo ha dado a conocer.

Lectura: La comunidad destinataria de la carta de Juan ha pasado por la dolorosa experiencia de la división interna y de la partida de antiguos miembros. El apóstol Pablo escribía a la comunidad de Corinto: «Realmente tiene que haber escisiones entre vosotros para que se vea quiénes resisten a la prueba» (1Co 11,19). Y san Cipriano dijo que no puede tener a Dios por Padre quien no tiene a la Iglesia por madre.

Meditación: Seguimos contemplando al Intérprete perfecto. Pertenece a la orilla de Dios, que es su hábitat natural; y pertenece también a nuestra orilla. Se hizo carne, asumió nuestra condición, limitada y débil. Aprendió nuestro lenguaje, Él, que pensó con inteligencia de hombre y amó con corazón de hombre y trabajó con manos de hombre. Experimentó nuestra angustia, murió nuestra muerte. Conoce al hombre, porque es hombre. Y porque conoce desde dentro qué es ser hombre hará de intérprete no de manera impostada, con artificio y violentándose, sino con toda naturalidad y llaneza. Y lo hará con toda su humanidad: con su presencia, con su manifestación, con sus palabras, con sus gestos y acciones (desde la transformación del agua en vino hasta el lavatorio de los pies), con su misma muerte. No es un papel que asume por unas horas ni lo vive como un temporero de lo humano, no es una función de la que luego se desprende para volver a su condición nativa y propia. Su humanidad no es un disfraz momentáneo, pertenece a su ser. Y así, toda su humanidad, todo en Él habla de la verdad de Dios y la transparenta.

Oración: Señor, te hiciste hombre para que el Padre pudiera amar en nosotros lo que amaba y ama en ti; asumiste nuestro lenguaje, con sus recursos y limitaciones, para que entendiéramos tu mensaje sobre el Padre; elevada tu santa humanidad a la gloria, puedes salvar definitivamente a los que nos acercamos al Padre por tu medio, pues vives siempre para interceder a nuestro favor. Te alabamos, te bendecimos, te adoramos, te glorificamos, te damos gracias.

Acción: Al cerrar el año civil, haz memoria ante el Señor de algunos momentos y vivencias personales, familiares, eclesiales y sociales que han sido significativos para ti.

Santa María, madre de Dios

Nm 6,22-27 Que el Señor te bendiga y te proteja.
Sal 66. El Señor tenga piedad y nos bendiga.
Ga 4,4-7 Dios envió a su Hijo, que nació de una mujer.
Lc 2,16-21

ENERO **1**

En aquel tiempo, los pastores fueron corriendo y encontraron a María, a José y al niño acostado en el pesebre. Al verlo se pusieron a contar lo que el ángel les había dicho acerca del niño, y todos los que lo oían se admiraban de lo que decían los pastores. María guardaba todo esto en su corazón, y lo tenía muy presente. Los pastores, por su parte, regresaron dando gloria y alabanza a Dios por todo lo que habían visto y oído, pues todo sucedió como se les había dicho. A los ocho días circuncidaron al niño y le pusieron por nombre Jesús, el mismo nombre que el ángel había dicho a María antes de que estuviera encinta.

Lectura: Comenzamos el año 2025. La Iglesia celebrará el 1700 aniversario del concilio de Nicea, en el que los Padres conciliares confesaron la consustancialidad de Jesús con el Padre. Pero ya antes, en credos primitivos, había confesado que nació de María Virgen. Y antes aún hallamos en labios de Isabel el título «la madre de mi Señor». La Iglesia, con fórmula sincopada, pero con todo derecho, la llama Madre de Dios, pues concibió y dio a luz, en el tiempo, al Hijo engendrado por el Padre en la eternidad.

Meditación: Empalmamos con el relato lucano de la Natividad. María ha dado a luz. Han concluido los nueve meses de su Adviento, el largo compás de gestación y espera hasta traer al mundo al que tenía que venir. Ahora el niño está presente ante ella, lo ha visto con sus propios ojos, lo ha tocado con sus propias manos, lo ha envuelto en pañales y lo ha recostado en el pesebre: practica las diligencias propias de una madre con la alegría y con el tiento y cuidado de una primeriza. Los pastores encuentran a María, a José y al niño y narran lo que han visto y oído. También ahora se ejercita María en ese otro estado de adviento que es la escucha: no oye como quien oye llover, es toda oídos, acoge el relato de los pastores y lo retiene en el arcón de la memoria. Y con corazón sabio se aplicará a desentrañar la verdad del anuncio jubiloso que ha escuchado. Es guardiana de la memoria e intérprete del sentido de todas aquellas cosas. Guardar y meditar son las nuevas diligencias de esta madre, realizadas en el silencio del corazón. Toda ella (mirada y tacto, memoria e inteligencia) se deshace en atenciones al Niño y presta suma atención al relato de los pastores para no perder detalle.

Oración: «Cuando Él llegó / ¿qué hora daba, Madre, / tu Corazón? / (Mientras no llegaba / daba la hora / de la esperanza). / Pero cuando llegó /¿qué hora daba...?» (Pedro Casaldáliga).

Acción: Felicita el año nuevo con un corazón mariano.

Jueves, antes de Epifanía

1Jn 2,22-28 Permaneced unidos a Dios.
Sal 97. Los confines de la tierra han contemplado la victoria
de nuestro Dios.
Jn 1,19-28   ENERO **2**

*L*os judíos de Jerusalén enviaron sacerdotes y levitas a Juan, a preguntarle quién era. Y él confesó claramente: "Yo no soy el Mesías". Le volvieron a preguntar: "¿Quién eres, pues? ¿El profeta Elías?". Juan dijo: "No lo soy". Ellos insistieron: "Entonces, ¿eres el profeta que había de venir?". Contestó: "No". Le dijeron: "¿Quién eres, pues? Tenemos que llevar una respuesta a los que nos han enviado. ¿Qué puedes decirnos acerca de ti mismo?". Juan les contestó: "Yo soy, como dijo el profeta Isaías, 'Una voz que grita en el desierto: ¡Abrid un camino recto para el Señor!'" Los que habían sido enviados por los fariseos a hablar con Juan, le preguntaron: "Pues si no eres el Mesías ni Elías ni el profeta, ¿por qué bautizas?". Juan les contestó: "Yo bautizo con agua, pero entre vosotros hay uno que no conocéis: ése es el que viene después de mí. Yo ni siquiera soy digno de desatar la correa de sus sandalias". Todo esto sucedió en el lugar llamado Betania, al oriente del río Jordán, donde Juan estaba bautizando.

Lectura: La primera Carta de Juan insiste en el realismo de la encarnación. La Iglesia de siglos posteriores tendrá que volver sobre esta verdad esencial. El Espíritu es el que le permite permanecer en Cristo y perseverar en la confesión íntegra de la verdad sobre Él. Desgarrar esta verdad condujo al desgarro de la comunidad en tiempos de la carta y en tiempos posteriores. Juan Bautista es un testigo de esa verdad de Jesús, el Mesías, el Hijo de Dios.

Meditación: Reaparece Juan Bautista, al que hemos encontrado en el prólogo del cuarto evangelio como testigo de la luz. Hay falsarios, suplantadores de identidad, y en las redes sociales nos podemos forjar un perfil que no tiene nada que ver con nuestra realidad efectiva. Hay también casos de personas que hacen pruebas y ensayos sin acabar de averiguar por fin quiénes son y qué misión pueden desempeñar. Juan Bautista no pertenece a la categoría de los impostores ni a la de los perplejos y eternos buscadores. Su relación con Jesús es singular: por un lado, no se cree digno de desatar la correa de sus sandalias; por otro, se considera su amigo, el amigo del esposo (cf. Jn 3,29). Reconoce las diferencias y sabe medir distancias y agradecer cercanías. No era la luz, pero Jesús hace de él un bello elogio: era «la lámpara que ardía y brillaba» (Jn 5,35). Instó al pueblo para que acabara por fin su situación de exilio y mostró a Jesús como el Cordero que quita el pecado del mundo.

Oración: En Juan me has mostrado, Señor, un modelo de humildad y de amistad. Andaba en verdad, reconociendo sin equívocos quién era él y quién eras Tú, cuál era su misión y cuál la tuya. Y era un amigo que se alegra de la voz del esposo con una alegría colmada.

Acción: Busca la oportunidad y el modo de agradecer a algún amigo lo que significa para ti su trato y compañía y el apoyo que te ha prestado en algunos momentos.

Viernes, antes de Epifanía

1Jn 2,29–3,6 Cuando Jesucristo aparezca, seremos como él.
Sal 97. Los confines de la tierra han contemplado la victoria
de nuestro Dios.
Jn 1,29-34

Al día siguiente, Juan vio a Jesús que se acercaba a él, y dijo: "¡Mirad, ése es el Cordero de Dios que quita el pecado del mundo! A él me refería yo cuando dije: 'Después de mí viene uno que es más importante que yo, porque existía antes que yo.' Yo mismo no sabía quién era él, pero he venido bautizando con agua precisamente para que el pueblo de Israel le conozca". Juan también declaró: "He visto al Espíritu Santo bajar del cielo como una paloma, y reposar sobre él. Yo aún no sabía quién era él, pero el que me envió a bautizar con agua me dijo: 'Aquel sobre quien veas que el Espíritu baja y reposa, es el que bautiza con Espíritu Santo.' Yo ya le he visto, y soy testigo de que es el Hijo de Dios".

Lectura: De la verdad de que el Hijo de Dios se hiciera realmente hijo de mujer depende otra verdad: la de nuestra real condición de hijos de Dios. Él es el inocente, el sin pecado; si permanecemos unidos a Él participaremos de su victoria sobre el pecado, seremos libres y practicaremos la justicia. San Agustín, en relación con el pecado, distinguía cuatro fases en la historia de la salvación: no luchamos; luchamos, pero somos vencidos; luchamos y vencemos (unidos a Cristo); vivimos en la paz perfecta (en la existencia gloriosa).

Meditación: El cuarto evangelio tiene trazas de un proceso en que se intenta esclarecer la real identidad de Jesús. Aquí encontramos al primer testigo: Juan Bautista, que da un triple testimonio sobre la verdad de Jesús. Y lo da porque ha visto: ha visto que el Espíritu bajaba sobre Jesús, reconoce la procedencia misteriosa y la misión de ese hombre porque ver bajar el Espíritu era la contraseña dada por el que lo envió a bautizar, y tendrá que concluir, con una tercera y definitiva referencia a la visión: «Como lo he visto, doy testimonio de que él es el Hijo de Dios» (Jn 1,34). No ha oído simplemente un «rumor de ángeles»; tiene un conocimiento personal y habla de lo que sabe. Se le ha dado la gracia de ver para que pueda testimoniar. Ha bautizado, pero en este evangelio tiene por misión presentar a Jesús, dada su condición de testigo. Propone tres títulos: Jesús es el cordero que Dios da para quitar el pecado del mundo y cuya presencia inaugura la etapa definitiva en nuestra historia teologal; Jesús es el que bautiza con Espíritu Santo, que se había posado sobre Él en el bautismo, y él lo va a comunicar para que transforme desde el fondo a quien lo reciba; Jesús es el Hijo de Dios, un título que habla de su relación singular con Dios y también, implícitamente, sobre su misión.

Oración: Gracias, Señor, por el testimonio de Juan Bautista. La palabra oída dentro y la visión del signo exterior le permitieron identificarte. Concédenos la gracia de tener un oído interior que reconozca tu voz y tus mociones y una mirada atenta que perciba las señales que nos das.

Acción: El Nuevo Testamento contiene unos cincuenta títulos cristológicos. ¿Cuáles son los títulos de Jesús más significativos para ti? No importa si proceden de la tradición o si has creado tú alguno de ellos. Selecciona dos o tres y escribe un breve comentario sobre cada uno.

Sábado, antes de Epifanía

1Jn 3,7-10 Quien no hace el bien no es de Dios.
Sal 97. Los confines de la tierra han contemplado la victoria
de nuestro Dios.
Jn 1,35-42

ENERO **4**

Al día siguiente, Juan estaba allí otra vez con dos de sus seguidores. Cuando vio pasar a Jesús dijo: "¡Mirad, ése es el Cordero de Dios!". Los dos seguidores de Juan le oyeron decir esto y siguieron a Jesús. Jesús se volvió y, al ver que le seguían, les preguntó: "¿Qué estáis buscando?". Ellos dijeron: "Maestro, ¿dónde vives?". Jesús les contestó: "Venid a verlo". Fueron, pues, y vieron dónde vivía; y pasaron con él el resto del día, porque ya eran como las cuatro de la tarde. Uno de los dos que oyeron a Juan y siguieron a Jesús, era Andrés, hermano de Simón Pedro. Lo primero que hizo Andrés fue buscar a su hermano Simón. Le dijo: "Hemos encontrado al Mesías (que significa: Cristo)". Luego Andrés llevó a Simón a donde estaba Jesús, y cuando Jesús le vio, dijo: "Tú eres Simón, hijo de Juan, pero serás llamado Cefas (que significa: Pedro)".

Lectura: Obrar la justicia y amar al hermano son las señales que permiten reconocer al hijo de Dios. Porque Dios es la fuente de la justicia y porque Dios es amor y capacita a sus hijos para vivir en justicia, es decir, en lucha contra el pecado, y en amor y servicio al hermano por el que murió Cristo. El Bautista señala al Cordero de Dios.

Meditación: Juan Bautista cumple de nuevo su misión: mostrar a Jesús. En nuestro caso lo presenta a dos de sus seguidores; lejos de retenerlos y acapararlos para sí, suscita en ellos un primer seguimiento predidiscipular de ese hombre que pasa de incógnito; sigue un intercambio inicial de preguntas con Jesús, que se ha vuelto hacia ellos, una invitación del propio Jesús y un encuentro cara a cara con Él. Jesús es el primero en preguntar y da pie a que ellos se aclaren a sí mismos, ejerciten la piedad del pensamiento y expresen la demanda del deseo. Aquel encuentro y trato les permite conocer a Jesús «más de cerca» y acceder a un nivel más hondo de su verdad: no es ya otro rabí, sin más; es el Mesías. El encuentro es el hallazgo de la perla preciosa, les cambia la vida. De ese ver nuevo brotará espontáneo el testimonio de Andrés; hoy será ante su hermano Simón, que recibirá una identidad nueva de labios de Jesús. El maestro y Mesías atrae, se deja encontrar, se revela, confiere un nombre nuevo, abre futuro. Podemos recordar, una vez más, las palabras de Benedicto XVI: «No se comienza a ser cristiano por una decisión ética, o una gran idea, sino por el encuentro con un acontecimiento, con una Persona, que da un nuevo horizonte a la vida y, con ello, una orientación decisiva».

Oración: Jesús, fuiste muy buscado, pero los motivos de la búsqueda eran bien diferentes: conocerte (Andrés y el otro discípulo), haber sido saciados de pan (la gente en Cafarnaún), matarte (los adversarios), detenerte (el destacamento de soldados y guardias), recuperar tu cuerpo (María Magdalena). Purifica los deseos de mi búsqueda, hazme un buscador impenitente que te busca más para más encontrarte y que te encuentra para seguir buscándote.

Acción: Los discípulos de Juan preguntan a Jesús: «¿Dónde vives? ¿Dónde moras?». Haz una visita a Jesús eucaristía, que mora en el sagrario; haz una visita a Jesús sufriente, que mora en un enfermo y acompáñalo. Ahí te espera.

Domingo II de Navidad

Eclo 24,1-2.8-12 Él me creó al comienzo.
Sal 147. La Palabra se hizo carne y acampó entre nosotros.
Ef 1,3-6.15-18 Dios nos escogió en Cristo.
Jn 1,1-18   ENERO **5**

En el principio ya existía la Palabra, y aquel que es la Palabra estaba con Dios y era Dios. Él estaba en el principio con Dios. Por medio de él, Dios hizo todas las cosas; nada de lo que existe fue hecho sin él. En él estaba la vida, y la vida era la luz de la humanidad. Esta luz brilla en las tinieblas, y las tinieblas no han podido apagarla. Hubo un hombre llamado Juan, a quien Dios envió como testigo, para que diera testimonio de la luz y para que todos creyesen por medio de él. Juan no era la luz, sino uno enviado a dar testimonio de la luz. La luz verdadera que alumbra a toda la humanidad venía a este mundo. Aquel que es la Palabra estaba en el mundo, y aunque Dios había hecho el mundo por medio de él, los que son del mundo no le reconocieron. Vino a su propio mundo, pero los suyos no le recibieron. Pero a quienes le recibieron y creyeron en él les concedió el privilegio de llegar a ser hijos de Dios. Y son hijos de Dios, no por la naturaleza ni los deseos humanos, sino porque Dios los ha engendrado. Aquel que es la Palabra se hizo hombre y vivió entre nosotros lleno de amor y de verdad. Y hemos visto su gloria, la gloria que como Hijo único recibió del Padre. (...) De sus grandes riquezas, todos hemos recibido bendición tras bendición. Porque la ley fue dada por medio de Moisés, pero el amor y la verdad se han hecho realidad por medio de Jesucristo. Nadie ha visto jamás a Dios; el Hijo único, que es Dios y que vive en íntima comunión con el Padre, nos lo ha dado a conocer.

Lectura: La sabiduría, por designio de Dios, establece su morada y echa sus raíces en Israel. Jesús es la Palabra venida al mundo, que no la conoció, y a los suyos, que no la recibieron, y finalmente acampada entre nosotros. Necesitamos espíritu de sabiduría para conocer a Dios en aquel que es su Sabiduría, su Palabra, su Hijo, por quien nos vienen todos los dones.

Meditación: Concluimos la meditación sobre el prólogo de Juan. El que es la Palabra está lleno del don de la verdad. Él mismo dirá: «Yo para eso nací y he venido al mundo: para dar testimonio de la verdad» (Jn 18,37); tal es el porqué de la Navidad. Él conoce la verdad de Dios, pues bebe en la fuente misma. No es otro buscador de la verdad de Dios; no tantea ni hace ensayos para ver si logra dar con ella, como si le fuera esquiva; no se sienta a los pies de un maestro venerable que lo guíe por las sendas recónditas que conducen a ella; no es simplemente un discípulo aventajado de la verdad. Como en Él habita la plenitud de la divinidad así habita en Él la plenitud de la verdad. Llegará a decir: «Yo soy la verdad» (Jn 14,6). Y viene a comunicarla: quien lo sigue a él, Luz de nuestra luz, no camina en tinieblas. Quien es de la verdad escucha su voz y sintoniza con Él. Él es también la Vida y quiere ser la Vida de nuestra vida. En una palabra: es el Hijo y ha venido a darnos el estatuto de hijos. ¿Qué nos toca hacer? Recibirlo, creer en Él, amar su luz y seguirla, sin dejarnos atraer por otros brillos o fulgores, lavarnos mutuamente los pies, tener entrañas unos para con otros, ser epifanía del amor de Dios a este mundo.

Oración: Concédenos, Padre, espíritu de sabiduría y revelación para conocerte, ilumina nuestro corazón para comprender la esperanza a que nos llamas en tu querido Hijo, la riqueza de gloria que das en herencia a los que has destinado para ser coherederos con Él.

Acción: Pregúntate con qué palabra o qué gesto puedes irradiar hoy tu fe y ponlos por obra.

Epifanía del Señor

Is 60,1-6 Las naciones vendrán a tu luz.
Sal 71. Se postrarán ante ti, Señor, todos los pueblos de la tierra.
Ef 3,2-3a.5-6 Los no judíos reciben la misma herencia.
Mt 2,1-12

ENERO **6**

*J*esús nació en Belén, un pueblo de la región de Judea, en el tiempo en que Herodes era rey del país. Llegaron por entonces a Jerusalén unos sabios de Oriente que se dedicaban al estudio de las estrellas, y preguntaron: "¿Dónde está el rey de los judíos que ha nacido? Porque vimos su estrella en el oriente y hemos venido a adorarle". El rey Herodes se inquietó mucho al oír esto, y lo mismo les sucedió a todos los habitantes de Jerusalén. Mandó llamar a todos los jefes de los sacerdotes y a los maestros de la ley, y les preguntó dónde había de nacer el Mesías. Ellos le respondieron: "En Belén de Judea, porque así lo escribió el profeta: 'En cuanto a ti, Belén, de la tierra de Judá, no eres la más pequeña entre las principales ciudades de Judá; porque de ti saldrá un gobernante que guiará a mi pueblo Israel'. Entonces llamó Herodes en secreto a los sabios de Oriente, y se informó por ellos del tiempo exacto en que había aparecido la estrella. Luego los envió a Belén y les dijo: "Id allá y averiguad cuanto podáis acerca de ese niño; y cuando lo encontréis, avisadme, para que yo también vaya a adorarlo". Con estas indicaciones del rey, los sabios se fueron. Y la estrella que habían visto salir iba delante de ellos, hasta que por fin se detuvo sobre el lugar donde se hallaba el niño. Al ver la estrella, los sabios se llenaron de alegría. Luego entraron en la casa y vieron al niño con María, su madre. Y arrodillándose, lo adoraron. Abrieron sus cofres y le ofrecieron oro, incienso y mirra. Después, advertidos en sueños de que no volvieran a donde estaba Herodes, regresaron a su tierra por otro camino.

Lectura: Epifanía es la fiesta de la manifestación de Jesús, el rey de los judíos, a los pueblos gentiles, representados por los magos de Oriente. Jesús, gloria de Israel, es luz para alumbrar a las naciones. Los magos hacen una peregrinación y viven un encuentro con Él, reconocido como rey de los judíos; representan la marcha de los gentiles al encuentro con el Salvador. Lo adoran y le ofrecen sus dones.

Meditación: Somos una sola humanidad, formada por una multitud de pueblos y naciones, con sus respectivas lenguas, culturas, historia y tradiciones. Una creciente interdependencia mutua nos vuelve más conscientes de la solidaridad entre todos, para bien y para mal. Cada pueblo desea mantener la propia identidad a la vez que puede enriquecerse con las riquezas de otras tradiciones, sin mestizajes postizos. La Iglesia confiesa a Jesús como el Salvador universal y la luz de los pueblos. Ella es, en Cristo, como un sacramento, signo e instrumento de la unión con Dios y de la unidad de todo el género humano. Trabaja para que la única fe sea expresada en los símbolos de cada pueblo, de suerte que el misterio de la encarnación, que tiene orígenes tan concretos (Jesús nace en Belén y es «el rey de los judíos»), tenga también un verdadero arraigo en cada tiempo y lugar y no lo sientan como una realidad foránea, sino como el esperado de los pueblos.

Oración: Hoy, Jesús, es el día de los niños. Tú, el esperado por María y José, el esperado de los pueblos, lo fuiste. Que los niños puedan experimentar, en los regalos que reciben, un cariño que sabe a cercanía, a apoyo, a impulso. Y enséñanos a todos el secreto de una infancia espiritual que vive en la confianza en medio de las pruebas y que sabe descansar en ti.

Acción: Contribuye hoy con algún gesto especial a mantener viva la ilusión de niños de tu familia o de otros niños.

Martes, después de Epifanía

1Jn 3,22—4,6 Vosotros sois de Dios.
Sal 2. Te daré en herencia las naciones.
Mt 4,12-17.23-25

Cuando Jesús oyó que Juan estaba en la cárcel, se dirigió a Galilea. Pero no se quedó en Nazaret, sino que se fue a vivir a Cafarnaún, a orillas del lago, en los territorios de Zabulón y de Neftalí. Esto sucedió para que se cumpliera lo que había dicho el profeta Isaías: "Tierras de Zabulón y de Neftalí, más allá del Jordán, a la orilla del mar: Galilea de los paganos. El pueblo que andaba en oscuridad vio una gran luz; una luz iluminó a los que vivían en sombras de muerte". Desde entonces comenzó Jesús a proclamar: "¡Volveos a Dios, porque el reino de los cielos está cerca!". Recorría Jesús toda Galilea enseñando en la sinagoga de cada lugar. Anunciaba la buena noticia del reino y curaba a la gente de toda clase de enfermedades y dolencias. Con ello, la fama de Jesús se extendió por toda la región de Siria; así que le traían a cuantos sufrían de diferentes males, enfermedades y dolores, y a los endemoniados, a los epilépticos y a los paralíticos. Y Jesús los curaba. Mucha gente de Galilea, de los pueblos de Decápolis, de Jerusalén, de Judea y de la región al oriente del Jordán, seguía a Jesús.

Lectura: La lectura de la primera Carta de Juan nos seguirá acompañando toda la semana. Podemos acercarnos a ella a la luz del misterio de la Navidad. De hecho, hubo tendencias al final del primer siglo de nuestra era que no reconocían la real venida en carne del Hijo de Dios; los nuevos gnósticos de nuestro tiempo pueden presentar rasgos similares.

Meditación: «El pueblo que andaba en oscuridad vio una gran luz». Dios, el Dios-con-nosotros, es luz, y la luz no nos puede hacer sombra; al contrario, nos destaca en nuestro verdadero espesor. La luz no desplaza a las cosas, se llega a ellas con todo respeto; solo las resalta, las «saca a la luz». La luz no es un volumen que desaloja a otro volumen; solo expulsa la oscuridad y vence a las tinieblas. La luz no vuelve más angosto nuestro espacio vital. San Agustín decía: «No temas la llegada de tu Dios, no temas su amistad. No te menguará ni coartará cuando llegue; al contrario, te engrandecerá y dará holgura». Dios, el Dios-con-nosotros, es luz, y la luz no viene a chupar vida de nosotros, a volvernos macilentos y descoloridos, a dejarnos ateridos y con cara de sobresalto. Irradia sobre nosotros para que nos sintamos, como los magos, inundados de alegría. Dios, el Dios-con-nosotros, es la luz que revela nuestra verdad más honda. Y nuestra verdad más honda es esta: somos aceptados. Valemos para Él infinitamente. Y el imperativo más radical es este: aceptad que sois aceptados. Andad, y en adelante aprended a amaros y a tasaros como Dios os ama y os tasa. Somos hijos de la luz.

Oración: «Guíame, Luz Amable, entre tanta tiniebla espesa, ¡llévame Tú! Estoy lejos de casa, es noche prieta y densa, ¡llévame Tú! Guarda mis pasos; no pido ver confines ni horizontes, solo un paso más me basta. Yo antes no era así, jamás pensé en que Tú me llevaras. Decidía, escogía, agitado; pero ahora ¡llévame Tú!» (Cardenal John H. Newman).

Acción: Enciende una lámpara en una habitación oscura y contempla los efectos de la luz sobre ese espacio y los objetos que lo ocupan. Y luego lee y medita 1Jn 1,5-7.

Miércoles, después de Epifanía

1Jn 4,7-10 El amor procede de Dios.
Sal 71. Que todos los pueblos de la tierra
se postren ante ti, Señor.
Mc 6,34-44

ENERO **8**

*E*n aquel tiempo, al bajar Jesús de la barca, vio la multitud, y sintió compasión de ellos porque estaban como ovejas que no tienen pastor; y comenzó a enseñarles muchas cosas. Por la tarde, sus discípulos se le acercaron y le dijeron: "Ya es tarde, y éste es un lugar solitario. Despide a la gente, para que vayan a los campos y las aldeas de alrededor y se compren algo de comer". Pero Jesús les contestó: "Dadles vosotros de comer". Respondieron: "¿Quieres que vayamos a comprar doscientos denarios de pan para darles de comer?". Jesús les dijo: "¿Cuántos panes tenéis? Id a verlo". Cuando lo averiguaron, le dijeron: "Cinco panes y dos peces". Mandó que la gente se recostara en grupos sobre la hierba verde, y se hicieron grupos de cien y de cincuenta. Luego Jesús tomó en sus manos los cinco panes y los dos peces y, mirando al cielo, dio gracias a Dios, partió los panes y se los dio a sus discípulos para que los repartieran entre la gente. Repartió también entre todos los dos peces. Todos comieron hasta quedar satisfechos, y todavía llenaron doce canastas con los trozos sobrantes de pan y pescado. Los que comieron de aquellos panes fueron cinco mil hombres.

Lectura: El misterio de la Navidad revela la verdad de Dios: Dios es amor y el amor es de Dios. En Jesús se manifestó el amor divino. En su actuación junto al mar de Galilea, el amor cobra la forma de la compasión ante el estado de la multitud.

Meditación: Ver, sentir, actuar: este trío de verbos refleja nuestro proceso personal al contacto con la realidad: aprehendemos unos datos, estos afectan a nuestro mundo emocional y afectivo, respondemos con una determinada acción (o bien nos inhibimos, que también es una forma de decidir y actuar). Ese proceso aparece a menudo en los evangelios. (Lo hallamos incluso en parábolas, como la del buen samaritano [cf. Lc 10,33] o la del hijo pródigo [Lc 15,20-23]). En el caso presente, Jesús no ve simplemente una masa de individuos, como puro dato que puede registrar una cámara fotográfica; Él capta mentalmente el estado del gentío y se lo representa con la imagen de un rebaño sin pastor; es una multitud a la deriva. Esta forma de ver le es connatural a Jesús, que se acerca a la realidad con mirada e inteligencia mesiánicas. La percepción del estado de la gente lo toca íntimamente y siente la compasión propia de su corazón mesiánico. Y de la compasión brota la respuesta mesiánica de verdadero Pastor: cumpliendo la ley de la abundancia, ley propia del reino de Dios, tanto su enseñanza como el banquete que ofrece se caracterizan por el derroche: enseña a boca llena y parte el pan y reparte el pescado a manos llenas. Los discípulos intervienen en el reparto. La acción se ha desarrollado en territorio judío, pues Jesús ha sido enviado a las ovejas perdidas de Israel.

Oración: Danos, Señor, tu mirada, enséñanos a ver y comprender como ves y comprendes tú; danos, Señor, un corazón como el tuyo y haznos participar en tus sentimientos de tal modo que movilicen nuestra acción; prolonga, Señor, tu ministerio a través de nuestras palabras y nuestras manos. Vive tu vida en nosotros para que vivamos nuestra vida en ti.

Acción: Puedes ofrecerte para colaborar en algún servicio que la parroquia o cualquier otra institución eclesial tienen programado para estos días.

Jueves, después de Epifanía

1Jn 4,11-18 Dios vive en nosotros.
Sal 71. Se postrarán ante ti, Señor, todos los pueblos
de la tierra.
Mc 6,45-52

ENERO **9**

En aquel tiempo, Jesús hizo que sus discípulos subieran a la barca, para que llegaran antes que él a la otra orilla del lago, a Betsaida, mientras él despedía a la gente. Y cuando la hubo despedido, se fue al monte a orar. Al llegar la noche, la barca ya estaba en medio del lago. Jesús, que se había quedado solo en tierra, vio que remaban con dificultad porque tenían el viento en contra. De madrugada fue Jesús hacia ellos andando sobre el agua, pero hizo como si quisiera pasar de largo. Ellos, al verle andar sobre el agua, pensaron que era un fantasma y gritaron, porque todos le vieron y se asustaron. Pero él les habló en seguida, diciéndoles: "¡Ánimo, soy yo, no tengáis miedo!". Subió a la barca y se calmó el viento. Ellos se quedaron muy asombrados, porque no habían entendido el milagro de los panes y aún tenían la mente embotada.

Lectura: Ayer recordaba Marcos un milagro de donación realizado por Jesús a favor de la muchedumbre. Hoy presenta el poder divino de Jesús caminando sobre las aguas y calmando un viento que pone en apuros a los discípulos. La carta de Juan nos llama a confesarlo como el Hijo de Dios y a practicar el amor mutuo, que tocará ejercitar en la vida normal y en las situaciones de apuro.

Meditación: En el relato del evangelista Marcos, todo había comenzado sobre ruedas en la historia del discipulado. Pero se fue abriendo una distancia o incluso un foso entre Jesús y los suyos. No entendieron la primera parábola, mal comienzo para poder comprender las demás (Mc 4,13); todavía no tenían fe cuando se acobardaron ante la tempestad del lago (4,40); hicieron a Jesús una observación poco inteligente cuando preguntó quién le había tocado el vestido (5,30-31); no habían comprendido el episodio de la alimentación de la multitud y ahora no entienden la epifanía que tiene lugar en el lago: su corazón está embotado, endurecido, como el de los fariseos en Mc 5,3 (el evangelista emplea los mismos términos en ambos casos). En el relato de Marcos la historia de incomprensión seguirá más adelante, y así sucede en la tercera travesía (Mc 8,14-21) y en la increpación a Pedro (Mc 8,35). Jesús habrá de curar su vista, como cura la de un ciego en dos etapas (8,22-25) y más tarde la de Bartimeo, que lo seguirá por el camino (10,52). Ser discípulo no es una diligencia que se despacha de golpe para pasar luego a otros asuntos; es una condición, implica un continuo proceso autocorrectivo de aprendizaje. El discípulo pedirá cada día un corazón nuevo, despierto, dócil, y tratará de entrar en la lógica, la estimativa y el mundo de valores del evangelio, poniéndose detrás de Jesús, siguiendo sus pisadas, participando en sus amores, dejándose configurar con Él. Quiere poder decir: «Ya no pienso, siento, actúo, vivo yo; es Cristo quien piensa, ama, actúa, vive en mí».

Oración: Señor, acompaña a tu Iglesia en su travesía, cuando las aguas están calmas y cuando soplan vientos contrarios, se oscurecen certezas, crece la incomprensión, asaltan los temores. Que la fe en tu presencia se afiance en las pruebas y que tu palabra de ánimo resuene en nuestro interior con más fuerza que el ruido de cualquier vendaval.

Acción: Escribe un apunte sobre tus miedos, ponles nombre, míralos de frente. Verbaliza por qué los sientes. ¿Puedes plantarles cara e ir desinflando alguno? Ora. Di con el profeta Isaías: «Confiaré y no temeré» (Is 12,2).

Viernes, después de Epifanía

1Jn 4,19–5,4 Él nos amó primero.
Sal 71. Se postrarán ante ti, Señor, todos los pueblos
de la tierra.
Lc 4,14-22a

Jesús volvió a Galilea lleno del poder del Espíritu Santo, y su fama se extendía por toda la tierra de alrededor. Enseñaba en la sinagoga de cada lugar, y todos le alababan. Jesús fue a Nazaret, al pueblo donde se había criado. Un sábado entró en la sinagoga, como era su costumbre, y se puso en pie para leer las Escrituras. Le dieron a leer el libro del profeta Isaías, y al abrirlo encontró el lugar donde estaba escrito: "El Espíritu del Señor está sobre mí, porque me ha consagrado para llevar la buena noticia a los pobres; me ha enviado a anunciar libertad a los presos y a dar vista a los ciegos; a poner en libertad a los oprimidos; a anunciar el año favorable del Señor". Luego Jesús cerró el libro, lo dio al ayudante de la sinagoga y se sentó. Todos los presentes le miraban atentamente. Él comenzó a hablar, diciendo: "Hoy mismo se ha cumplido esta Escritura delante de vosotros". Todos hablaban bien de Jesús y estaban admirados de la belleza de su palabra.

Lectura: La vida madura cristiana consiste en unir recta doctrina y recta práctica, confesión de la verdad y obras del amor. Para ello necesitamos el don del Espíritu: Él es el Espíritu de la verdad y el Don que trae consigo la efusión del amor en nuestros corazones (cf. Rm 5,5). Es el Espíritu que con su fuerza acompañó todo el ministerio de Jesús.

Meditación: «Hoy». Este adverbio resuena con fuerza en varios pasajes del tercer evangelio. El ángel dice a los pastores: «Hoy, en la ciudad de David, os ha nacido un Salvador, el Mesías, el Señor» (Lc 2,11); en su discurso en Nazaret Jesús marca con ese «hoy» la fecha en que se cumple la lejana profecía del tercer Isaías; a Zaqueo le dice: «Es necesario que hoy me hospede en tu casa» (Lc 19,5) y, tras oír la decisión adoptada por el recaudador de tasas sobre sus bienes, le declara: «Hoy ha entrado la salvación en esta casa»; al malhechor que le pide que se acuerde de él cuando esté en su reino le promete: «Hoy estarás conmigo en el paraíso» (Lc 23,43). Una vez al menos emplea el demostrativo «este» junto a un sustantivo de tiempo: «¡Si reconocieras tú también en este día lo que conduce a la paz!» (Lc 19,42). Recurre asimismo al adverbio de lugar «aquí»: «aquí hay uno que es más que Salomón…, aquí hay uno que es más que Jonás» (Lc 11,31.32). No seamos adictos a aplazar las cosas. El momento oportuno es el justo medio entre la impaciencia y la indolencia. Cuando nos tiente la desgana, esa gana de postergar lo que no admite demora, digamos: «Este es el momento», «de hoy no pasa», y seamos gentes de palabra.

Oración: Padre, nos has concedido ese don tan precioso y tan vulnerable que es el tiempo. Danos la sabiduría que discierne los tiempos de las prisas, los tiempos de la contemplación sosegada y la acción serena y los tiempos de las demoras que tienen a raya la impaciencia.

Acción: Emprende por fin hoy esa tarea que vienes aplazando, no acortes por hastío el tiempo que pide la oración, deja para mañana el afán de mañana.

Sábado, después de Epifanía

1Jn 5,5-13 El Espíritu es la verdad.
Sal 147. Glorifica al Señor, Jerusalén.
Lc 5,12-16

ENERO **11**

*U*n día estaba Jesús en un pueblo donde había un hombre enfermo de lepra. Al ver a Jesús se inclinó hasta el suelo y le rogó: "Señor, si quieres, puedes limpiarme de mi enfermedad". Jesús lo tocó con la mano, diciendo: "Quiero. ¡Queda limpio!". Al momento se le quitó la lepra al enfermo, y Jesús le ordenó: "No lo digas a nadie. Solamente ve, preséntate al sacerdote y lleva por tu purificación la ofrenda que ordenó Moisés, para que todos sepan que ya estás limpio de tu enfermedad". Sin embargo, la fama de Jesús se extendía cada vez más, y mucha gente se juntaba para oírle y para que sanase sus enfermedades. Pero Jesús se retiraba a orar a lugares apartados.

Lectura: La recta creencia en el Hijo de Dios ha de abarcar toda su trayectoria vital: su venida en carne, su ministerio, su muerte en cruz con el derramamiento de su sangre, su resurrección, el don del Espíritu a la comunidad. La verdad de Jesucristo es de una sola pieza. Se acepta entera. El pasaje del evangelio muestra un momento de esta verdad, que no es un enunciado abstracto, sino un tejido de palabras y obras que culminará en la Pascua.

Meditación: Jesús, después del discurso programático en Nazaret, emprende de inmediato dos curaciones (la de un endemoniado y la de la suegra de Pedro) y convoca a los primeros discípulos; siguen otras dos curaciones (la del leproso y la de un paralítico) y la llamada a Leví. El leproso es un modelo de oración de petición: expresa su deseo de verse libre de la lepra (mal físico que entraña marginación social) y deja ese deseo a los pies y al criterio y buena voluntad de Jesús. El Señor, al tocarlo, no queda contaminado: su «pureza activa» y «santidad inclusiva» (K. Berger) no se retraen ante el contacto con lo impuro; piensa que no es la impureza lo que se pega, sino la pureza, y encarna una pureza de influencia carismática. Vive entre la gente y trata con todo tipo de personas, pero también se retira a orar. (El evangelio de Lucas insistirá en la conducta orante de Jesús). Parece que padecemos cierta tendencia a poner barreras, a desplegar cordones sanitarios en torno a personas y grupos y a confinar a otros en «centros de internamiento»; entre los motivos se pueden mezclar prejuicios, percepciones erróneas, odios, miedos, razones.

Oración: Señor, tú te hiciste de verdad prójimo nuestro y no rehuiste a nadie. Ayúdame a revisar mis pensamientos y prácticas de trato o de elusión de la gente.

Acción: Examina tus fobias hacia otras personas, mira si puedes superar alguna antes de rendirte y declarar «¡Me supera!» e inténtalo.

Bautismo del Señor

Is 42,1-4.6-7 Yo, el Señor, te llamé.
Sal 28. El Señor bendice a su pueblo con la paz.
Hch 10,34-38 Dios habló por medio de Jesucristo.
Lc 3,15-16.21-22

ENERO **12**

En aquel tiempo la gente se encontraba en gran expectación y se preguntaba si tal vez Juan sería el Mesías. Pero Juan les dijo a todos: "Yo, ciertamente, os bautizo con agua; pero viene uno que os bautizará con el Espíritu Santo y con fuego. Él es más poderoso que yo, que ni siquiera merezco desatar la correa de sus sandalias". Sucedió que cuando Juan estaba bautizando a todos, también Jesús fue bautizado. Y mientras oraba, el cielo se abrió, y el Espíritu Santo bajó sobre él en forma visible, como una paloma, y se oyó una voz del cielo, que decía: "Tú eres mi Hijo amado, a quien he elegido".

Lectura: Como el bautismo de Jesús hace de línea divisoria al cerrar una etapa de su vida (la vida oculta) y abrir otra (el ministerio), así esta fiesta del Bautismo del Señor cierra el tiempo litúrgico de la Navidad y da paso al tiempo ordinario. El que vino como luz de las naciones comienza a irradiarla haciendo el bien y curando a los oprimidos por el diablo, como ya hemos podido comprobar durante la semana.

Meditación: Juan Bautista despeja interrogantes. Deja claro quién es él y anuncia la venida de alguien más poderoso que él y la misión que desempeñará. Jesús no es un sucesor de Juan, aunque viene detrás de él; no le toma el relevo, como Eliseo a Elías; con ser Juan tan grande, Jesús es de otro rango, un rango único, que se agota en Él, pero que no descalifica la actuación del Precursor, sino que la reconoce y, a su modo, la subsume. La continuación del relato confirmará la confesión del Bautista. El texto lucano coincide con la tradición joánica. Difiere en que no es Juan quien declara que Jesús es el Hijo de Dios; es la voz del cielo, la voz del Padre, la que, dirigida personalmente a Jesús, le dice: «Tú eres mi Hijo amado». Jesús no tiene que preguntarse a cada paso: «¿Quién soy yo?». Desde esa certeza inconmovible sobre su identidad (sabe quién es) conoce también cuál es su misión (sabe qué debe hacer), como indicaba el evangelio del viernes. La apertura y elevación del alma en la oración ha propiciado la apertura de los cielos y el descenso del Espíritu, así como la venida de la palabra del Padre que confirma la identidad y misión de Jesús. Y Él, desde la certeza de que el Padre lo acompaña siempre, emprende las multiformes tareas en que se despliega la misión.

Oración: Jesús, he sido bautizado en el nombre del Padre, del Hijo y del Espíritu. En el bautismo recibí mi identidad y dignidad de hijo de Dios y fui admitido en la familia de la Iglesia. Gracias a ti, gracias a tu nacimiento, a tu ministerio y a tu Pascua, no soy un huérfano, un expósito, un sintecho. Y tú me haces caer en la cuenta de que nobleza obliga. Que tu Espíritu me inspire y acompañe para poder agradar al Padre y vivir fraternalmente en tu Iglesia.

Acción: Acércate al baptisterio de la iglesia en que fuiste bautizado o enciende en casa una vela, que representa al cirio pascual, y renueva las promesas bautismales.

Oraciones

Adviento

Os anunciamos la venida de Cristo, y no solo una, sino también una segunda que será sin duda mucho más gloriosa que la primera. La primera se realizó en el sufrimiento, la segunda traerá consigo la corona del Reino.

Porque en nuestro Señor Jesucristo casi todo presenta una doble dimensión. Doble fue su nacimiento: uno, de Dios, antes de todos los siglos; otro, de la Virgen, en la plenitud de los tiempos. Doble su venida: una en la oscuridad y calladamente, como lluvia sobre el césped; la segunda, en el esplendor de su gloria, que se realizará en el futuro.

En la primera venida fue envuelto en pañales y recostado en un pesebre; en la segunda aparecerá vestido de luz. En la primera sufrió la cruz, pasando por encima de su ignominia; en la segunda vendrá lleno de poder y de gloria, rodeado de todos los ángeles.

Por lo tanto, no nos detengamos solo en la primera venida, sino esperemos ansiosamente la segunda. Y así como en la primera dijimos: Bendito el que viene en nombre del Señor, en la segunda repetiremos lo mismo cuando, junto con los ángeles, salgamos a su encuentro y lo aclamemos adorándolo y diciendo de nuevo: Bendito el que viene en nombre del Señor.

(*De las catequesis de san Cirilo de Jerusalén, obispo*)

Ven, ven, Señor, no tardes

Ven, ven, Señor, no tardes.
Ven, ven, que te esperamos.
Ven, ven, Señor, no tardes,
ven pronto, Señor.

El mundo muere de frío,
el alma perdió el calor,
los hombres no son hermanos,
el mundo no tiene amor.

Envuelto en sombría noche,
el mundo, sin paz, no ve;
buscando va una esperanza,
buscando, Señor, tu fe.

Al mundo le falta vida,
al mundo le falta luz,
al mundo le falta el cielo,
al mundo le faltas tú.

Preparemos los caminos

Preparemos los caminos
ya se acerca el Salvador
y salgamos, peregrinos,
al encuentro del Señor.

Ven, Señor, a libertarnos,
ven tu pueblo a redimir;
purifica nuestras vidas
y no tardes en venir.

El rocío de los cielos
sobre el mundo va a caer,
el Mesías prometido,
hecho niño, va a nacer.

Te esperamos anhelantes
y sabemos que vendrás;
deseamos ver tu rostro
y que vengas a reinar.

Consolaos y alegraos,
desterrados de Sion,
que ya viene, ya está cerca,
Él es nuestra salvación.

Jesucristo, Palabra del Padre

Jesucristo, Palabra del Padre,
luz eterna de todo creyente:
ven y escucha la súplica ardiente,
ven, Señor, porque ya se hace tarde.

Cuando el mundo dormía en tinieblas,
en tu amor tú quisiste ayudarlo
y trajiste, viniendo a la tierra,
esa vida que puede salvarlo.

Ya madura la historia en promesas,
solo anhela tu pronto regreso;
si el silencio madura la espera,
el amor no soporta el silencio.

Con María, la Iglesia te aguarda
con anhelos de esposa y de madre,

y reúne a sus hijos en vela,
para juntos poder esperarte.

Cuando vengas, Señor, en tu gloria,
que podamos salir a tu encuentro
y a tu lado vivamos por siempre,
dando gracias al Padre en el reino.

Este es el tiempo en que llegas

Este es el tiempo en que llegas
Esposo, tan de repente,
que invitas a los que velan
y olvidas a los que duermen.

Salen cantando a tu encuentro
doncellas con ramos verdes
y lámparas que guardaron
copioso y claro el aceite.

¡Cómo golpearon las necias
las puertas de tu banquete!
¡Y cómo lloran a oscuras
los ojos que no han de verte!

Mira que estamos alerta,
Esposo, por si vinieres,
y está el corazón velando,
mientras los ojos se duermen.

Danos un puesto a tu mesa,
Amor que a la noche vienes,
antes que la noche acabe
y que la puerta se cierre.
Amén.

Alegría de nieve

Alegría de nieve
por los caminos.
Todo espera la gracia
del Bien Nacido.

En desgracia los hombres,
dura la tierra.
Cuanta más nieve cae,
más cielo cerca.

La tierra tan dormida
ya se despierta.
Y hasta el hombre más muerto
se despereza.

Ya los montes se allanan
y las colinas,
y el corazón del hombre
vuelve a la vida. Amén.

Ruega por nosotros, Madre de la Iglesia

Ruega por nosotros,
Madre de la Iglesia.

Virgen del Adviento,
esperanza nuestra,
de Jesús la aurora,
del cielo la puerta.

Madre de los hombres,
de la mar estrella,

llévanos a Cristo,
danos sus promesas.

Eres, Virgen Madre,
la de gracia llena,
del Señor la esclava,
del mundo la reina.

Alza nuestros ojos
hacia tu belleza,
guía nuestros pasos
a la vida eterna.

¡Cielos, lloved vuestra justicia!

¡Cielos, lloved vuestra justicia!
¡Ábrete, tierra!
¡Haz germinar al Salvador!

Oh Señor, Pastor de la casa de Israel,
que conduces a tu pueblo,
ven a rescatarnos por el poder de tu brazo.
Ven pronto, Señor. ¡Ven, Salvador!

Oh Sabiduría, salida de la boca del Padre,
anunciada por profetas,
ven a enseñarnos el camino de la salvación.
Ven pronto, Señor. ¡Ven, Salvador!

Hijo de David,
estandarte de los pueblos y los reyes,
a quien clama el mundo entero,
ven a libertarnos, Señor, no tardes ya.
Ven pronto, Señor. ¡Ven, Salvador!

Llave de David y Cetro de la casa de Israel,
tú que reinas sobre el mundo,
ven a libertar a los que en tinieblas te esperan.
Ven pronto, Señor. ¡Ven, Salvador!

Oh Sol naciente,
esplendor de la luz eterna
y sol de justicia,
ven a iluminar a los que yacen en sombras de muerte.
Ven pronto, Señor. ¡Ven, Salvador!

Rey de las naciones y Piedra angular de la Iglesia,
tú que unes a los pueblos,
ven a libertar a los hombres que has creado.
Ven pronto, Señor. ¡Ven, Salvador!

Oh Emmanuel,
nuestro rey, salvador de las naciones,
esperanza de los pueblos,
ven a libertarnos, Señor, no tardes ya.
Ven pronto, Señor. ¡Ven, Salvador!

Virgen del Adviento

Virgen del Adviento,
esperanza nuestra,
de Jesús la aurora,
del cielo la puerta.

Madre de los hombres,
de la mar estrella,
llévanos a Cristo,
danos sus promesas.

Eres, Virgen Madre,
la de gracia llena,
del Señor la esclava,
del mundo la reina.

Alza nuestros ojos
hacia tu belleza,
guía nuestros pasos
a la vida eterna.

Navidad

Nuestro Salvador, amadísimos hermanos, ha nacido hoy;
alegrémonos. No puede haber, en efecto, lugar para la
tristeza, cuando nace aquella vida que viene a destruir el
temor de la muerte y a darnos la esperanza de una eternidad
dichosa.

Que nadie se considere excluido de esta alegría, pues el
motivo de este gozo es común para todos; nuestro Señor,
en efecto, vencedor del pecado y de la muerte, así como
no encontró a nadie libre de culpa, así ha venido para
salvarnos a todos. Alégrese, pues, el justo, porque se acerca
a la recompensa; regocíjese el pecador, porque se le brinda
el perdón; anímese el pagano, porque es llamado a la vida.
(….) Reconoce, oh cristiano, tu dignidad y, ya que ahora
participas de la misma naturaleza divina, no vuelvas a tu
antigua vileza con una vida depravada. Recuerda de qué
cabeza y de qué cuerpo eres miembro. Ten presente que has
sido arrancado del dominio de las tinieblas y transportado
al reino y a la claridad de Dios.

(*De los sermones de san León Magno, papa*)

Te diré mi amor, Rey mío

Te diré mi amor, Rey mío,
en la quietud de la tarde,
cuando se cierran los ojos
y los corazones se abren.

Te diré mi amor, Rey mío,
con una mirada suave,
te lo diré contemplando
tu cuerpo que en pajas yace.

Te diré mi amor, Rey mío,
adorándote en la carne,
te lo diré con mis besos,
quizá con gotas de sangre.

Te diré mi amor, Rey mío,
con los hombres y los ángeles,
con el aliento del cielo
que espiran los animales.

Te diré mi amor, Rey mío,
con el amor de tu Madre,
con los labios de tu Esposa
y con la fe de tus mártires.

Te diré mi amor, Rey mío,
¡oh Dios del amor más grande!
¡Bendito en la Trinidad,
que has venido a nuestro valle! Amén.

Hermanos, Dios ha nacido

Hermanos, Dios ha nacido
sobre un pesebre. Aleluya.
Hermanos, cantad conmigo:
«Gloria a Dios en las alturas».

Desde su cielo ha traído
mil alas hasta su cuna.
Hermanos, cantad conmigo:
«Gloria a Dios en las alturas».

Hoy mueren todos los odios
y renacen las ternuras.
Hermanos, cantad conmigo:
«Gloria a Dios en las alturas».

El corazón más perdido
ya sabe que alguien le busca.
Hermanos, cantad conmigo:
«Gloria a Dios en las alturas».

El cielo ya no está solo,
la tierra ya no está a oscuras.
Hermanos, cantad conmigo:
«Gloria a Dios en las alturas».

Decid a la noche clara

Decid a la noche clara,
tome en sus manos el arpa,
y salmos de David cante,
cante con la Virgen santa.

Ángeles del cielo vienen,
de luz son las bellas alas,
y un canto divino traen
para estas nupcias sagradas.

Y, al amanecer, las aves
y el alba que se levanta,
con silbos del universo
cantadle vuestra alabanza.

Del Padre eterno nacido,
nace en carne la Palabra,
con nosotros vida y muerte,
y una muerte ensangrentada.

Al Hijo de Dios cantemos,
¡Ay, gracia desenfrenada!
Ni los cielos sospecharon
que el mismo Dios se encarnara.

¡Oh gracia para adorar,
que nunca cupo más alta!
Tú, para hacernos divinos,
humano a nosotros bajas.

Cantad, criaturas todas,
que todas estáis salvadas,
y con la boca quedaos
al Padre diciendo: «¡Gracias!».
Amén.